萌える！ヴァンパイア事典

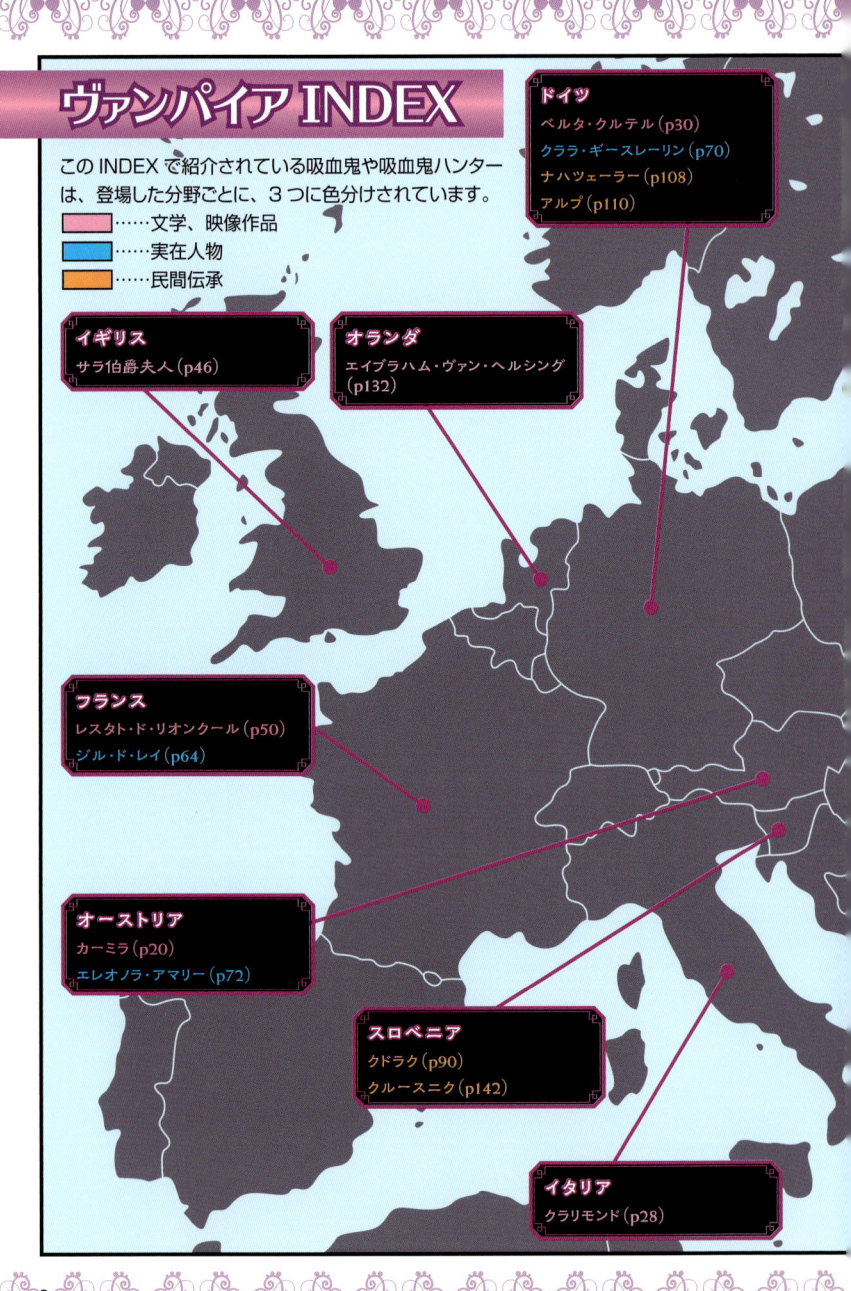

ヴァンパイア INDEX

この INDEX で紹介されている吸血鬼や吸血鬼ハンターは、登場した分野ごとに、3つに色分けされています。

- ■……文学、映像作品
- ■……実在人物
- ■……民間伝承

ドイツ
ベルタ・クルテル（p30）
クララ・ギースレーリン（p70）
ナハツェーラー（p108）
アルプ（p110）

イギリス
サラ1伯爵夫人（p46）

オランダ
エイブラハム・ヴァン・ヘルシング（p132）

フランス
レスタト・ド・リオンクール（p50）
ジル・ド・レイ（p64）

オーストリア
カーミラ（p20）
エレオノラ・アマリー（p72）

スロベニア
クドラク（p90）
クルースニク（p142）

イタリア
クラリモンド（p28）

ロシア
イワン・ワシリー号(p122)

ポーランド
ヴァインリキウス(p74)
吸血鬼王女(p120)

スロバキア
ネラプシ(p106)

ハンガリー
エリザベート・バートリー(p60)

ルーマニア
ドラキュラ伯爵(p36)
オルロック伯爵(p40)
ヴラド3世(p76)
ストリゴイイ&モロイイ(p92)
ノスフェラトゥ(p94)
ヴァルコラキ(p96)

セルビア
ペーター・プロゴヨヴィッチ(p66)
アルノルト・パウル(p68)
ダンピール(p138)

出身地不明
ルスヴン卿(p18)
アツォ・フォン・クラトカ(p24)
ブルンヒルダ(p26)
フランシス・ヴァーニー(p32)
マーヤ・ザレシュカ(p44)
サン・ジェルマン伯爵(p52)

旧ユーゴスラビア
吸血スイカ&吸血カボチャ(p112)

東ヨーロッパ
ユダの子ら(p98)
ムッロ(p100)
ウピオル(p104)

アルメニア
ダカナヴァル(p118)

日本
不知火検校(p48)

アラビア半島
クルツマン&ダミアン(p136)

ギリシャ
コリントの花嫁(p34)
ヴリコラカス(p84)
カリカンザロス(p88)
サモス島のヴリコラカス(p124)
ラミア(p126)

120年ぶりですね
見違えましたよ
ハンターシェリ
その名で呼ぶな!
今はハンター
シェリダンだっ!
ギィーン
やるように
なりましたね
ですが……
おやめなさいな

ふふ……
120 年もすれば
ヒヨっ子ハンターも
ベテランね
でも無理ね
あなたを吸血鬼に
したのはわたしよ
親も同然のこの身
あなたの刃では
倒せないわ……
それでもだ！
援軍が来てるんだよ
秘密兵器を
持ってさ……
チェックメイトだ
吸血鬼共
人間を……
舐めるなよっ
マリーカ様!?
さあ、今夜こそ
120年の戦いに
決着をつけよう
マリーカ！
クラウス！
そのころ
ひみつへいき
道に迷って
しまいました……
本編へつづく！

案内役のご紹介！

読者のみなさんを吸血鬼の世界に招待する、4人の案内役をご紹介！

> はあ、はあ……やっとつきました……。
> シェリダンさーん！ 申し訳ありません、道に迷ってしまいました！
> ご指示いただいたものを持ってきましたけれど……？

> おおっ、お疲れ様！ ひとりで来させちゃってごめんね。
> シスターが持ってきてくれたもののおかげで、やっと話ができるよ。
> ところでシスター、紹介したい人がいるんだけれど……。

> はじめまして、人間のお嬢さん。
> 私がこの館の主人、
> 真祖の血族たるヴァンパイア、マリーカよ。
> そこのシェリは私が吸血鬼にしたの。
> あなたも永遠の命がほしいなら、
> いつでも吸血鬼にしてあげるのだわ。

はじまりの吸血鬼「真祖」の血を引き、生まれながらにして吸血鬼だった、由緒ある血統を持つヴァンパイア。名前はアルファベットでは"Marllica"と書く。年齢は1000歳を超えるが、重度の引きこもりのため、人間界はおろか吸血鬼についての知識もほとんど持っていない。

マリーカ

> 申し遅れました。
> わたくし、マリーカお嬢様の
> 執事をつとめております、クラウスと申します。
> シスター、お嬢様直々に下僕とされるのは
> もっとも光栄なことですが、
> もし同性どうしに抵抗感がおありでしたら、
> 僭越ながら私が"吸血"をつとめさせて
> いただいてもよろしいですよ？

クラウス

マリーカの執事をつとめる吸血鬼。数百年前に人間から吸血鬼に変えられた若い吸血鬼だが、人間界と吸血鬼界双方についての幅広い知識を持っている。世間知らずなマリーカの教育係も担当しているが、マリーカ本人の学習意欲が皆無に近いため、思うような成果は上がっていない模様。

いやー黙っててごめんね、実はボク、
このふたりとは古い知り合いなんだ。
今日はそこの女の子に
言うことを聞いて貰うために、
シスターに協力をお願いした
わけなんだけど……。どうしたの？

かつて偉大な吸血鬼カーミラを滅ぼしたことで知られるヴォルデンベルグ男爵の血を引く、百戦錬磨のベテランハンター。120年前にマリーカに敗れて吸血鬼に変えられ、吸血鬼なのにヴァンパイアハンターという、非常に特異な境遇を背負うことになった。

シェリダン（シェリ）

修道院をたずねてきた
ヴァンパイアハンターさんに
お届け物をするだけのお役目だったはずなのに、
なんで吸血鬼のお屋敷にいるんですかぁ～!?
昨晩またイケナイ妄想をしてしまった
罰なのでしょうか!?
主よ、この愚かな子羊をお守りくださいぃ!!

シスター・マルグリッテ

教会の修道女（シスター）として神に仕える女の子。ごく普通の聖職者なので、特殊な能力も吸血鬼退治の知識も持っていないが、シェリダンにだまされて吸血鬼の巣窟へ飛び込んでしまった。長年の修道院生活で鬱屈が溜まっているのか妄想癖があり、エッチなことやイケナイ関係に興味を隠せない。

シェ、シェリダンさん！　なんていうところに呼び出してるんですかぁ！
お屋敷に荷物を届けるだけって話でしたよ！

ヴァンパイアのために協力して、なんて言えないじゃない。
……あ、もしかして、正直に言っても来てくれた？

来るわけないでしょおおおお!!

今回ボクが「秘密兵器」を持ってきたのは、マリーカにいい加減に外出をさせるためなんだ。ねえマリーカ、いったい何千年引きこもり続けるつもりなんだい!?

嫌だと言っているでしょう。そっちこそ何十年同じ問答を続けるつもりなの。
人間界の様子になんか興味はないし、私にはこの館と少しの血と、平穏な暮らしがあればそれで十分なのだわ。

お嬢様、私はハンタージュリアスの意見に賛同します。お嬢様は真祖の直系として、もっと外に出て見聞を広めるべきなのです。ミス、マルグリッテ……あなたの協力も必要なようです。お手伝い頂けますね？（壁に手をついて）

ああっ、そんなふうに頼まれたら……♥
……喜んでお手伝いします、クラウス様……!
（かか、顔近いですよぉ……しかもよく見るとすごい美形ですわ～!?）

ちょっとクラウス、主人を無視して何をやっているのかしら？
そもそも「外に出て見聞を広める」なんてまっぴら御免なのだわ。人間は人間で好きなようにやっていればいいでしょう。

お嬢様ならそうおっしゃると思っていました。それではお嬢様、提案でございます。吸血鬼に関するテストを受けていただけませんか？ お嬢様が85点以上を取れば、外に出ての社会勉強など不要と判断し、このお話をなかったことにいたします。

ぐぬぬ、執事クラウス、あなた使用人の分際で、主人を試そうというのね……。
……いいでしょう、真祖の血を引く吸血鬼は、こんなことからは逃げないのだわ！
ええ、取って見せましょう85点……取ってみせるのだわ！

かかった!!

よっし、これで決まりだね！
勉強をして、テストをやって、85点取れなかったらお出かけだ。
それが終わったらさっきの続きといこうか、クラウス。今度こそ決着をつけてやる！

いいでしょう、ハンターシェリダン。
あなたが120年間磨いてきた技術をすべて受け止めてあげましょう。そのうえで勝利し、無様に這いつくばらせてあげますよ。

"這いつくばらせる"!? どこにですか？ ……もしかしてベッドですか!?
おふたりはやっぱり"そういう関係"で、120年も昔からずぅっと……？
こ、これは……見届けなければいけませんわ～！（鼻息荒く）

こうして「引きこもり人生継続」をかけた吸血鬼試験に挑むことになったマリーカお嬢様。執事とハンターに、無関係のはずのシスターまで加わって、4人の吸血鬼珍道中がはじまります。いったいどんな結末が待っているのでしょうか……？

はじめに

　人間を誘惑して生き血を吸う、夜の貴族「吸血鬼」。
　ヨーロッパでは「ヴァンパイア」とも呼ばれ、ホラー映画の主役として注目を集めた彼らは、日本でも人気を集めました。近代社会にひそむ恐るべき怪物として、また特異な境遇に思い悩む主人公として、現在でもさまざまなメディアで多様な姿が描かれています。
　ですがこれらのヴァンパイア＝吸血鬼像は、ヨーロッパで生まれた吸血鬼文化のたった一側面にすぎません。ヨーロッパには有名な「ドラキュラ伯爵」のほかにも、個性的な吸血鬼が数多く存在するのです。

　この「萌える！ヴァンパイア事典」は、西洋に源流を持つモンスター「吸血鬼」について知りたい人のために、吸血鬼のごく基礎的な知識をすべて網羅した本として製作されました。
　カラーページでは、45組48体の吸血鬼、吸血鬼ハンターをイラストつきで紹介。吸血鬼を語るうえで知っておくべき存在が網羅されています。イラストは、民間伝承や文芸作品で描かれている特徴を踏まえたうえで、元の吸血鬼の性別にかかわらず全員を女の子の吸血鬼として描いています。しばしば性的イメージとともに描かれる、吸血鬼の魅力を新しい切り口で楽しむことができます。
　巻末の解説パートでは、吸血鬼文化を知るうえで絶対に知っておくべき名作『ドラキュラ』の紹介や、吸血鬼の基礎知識が身につく解説記事を掲載しました。

　これから吸血鬼を知りたい、吸血鬼作品を楽しみたい人にとって、この本は大きな助けとなります。ぜひこの「萌える！ヴァンパイア事典」を片手に、吸血鬼作品をいままで以上に楽しんでください！

凡例と注意点

凡例
本文内で特殊なカッコが使われている場合、以下のような意味を持ちます。
・「　」……原典となっている資料の名前
・〈　〉……原典を解説している資料の名前

固有名詞の表記について
　本書では、人名や種族名などの固有名詞に複数の表記法がある場合、もっとも有名な表記、権威のある表記を使用します。そのためみなさんが知っている人物が、若干違った名前で紹介されることがあります。

萌える！ヴァンパイア事典　目次

　　　　案内役のご紹介！……6
　　　　　　はじめに……9
　　　　ヴァンパイアって何？……11

　　　　文学・映像の吸血鬼………17
　　　　　実在した吸血鬼……59
　　　　　　吸血鬼種族……79
　　　　神話・伝承の吸血鬼……117
　　　　　吸血鬼ハンター……129

　クラウス＆シェリダンの吸血鬼百科事典……145
　　　特集『吸血鬼ドラキュラ』……148
　　　　"吸血鬼"完全解剖……158
　　　吸血鬼文化のできるまで……178
　　　　吸血怪物小事典……184
　　　　吸血鬼ブックガイド……190

Column

絶対読みたい！吸血鬼物語
- 『ドラキュラ』……43
- 『書物の王国12 吸血鬼』『怪奇幻想の文学 真紅の法悦』……55
- 『吸血鬼伝説』『ドラキュラのライヴァルたち』……58
- 『シャーロック・ホームズの事件簿 サセックスの吸血鬼』……87
- 『呪われた町』（原題：Salem's Lot）……103
- 『地球最後の男』（原題：I Am Legend）……116
- 『夜明けのヴァンパイア』……141
- 『吸血鬼ハンターD』……144

　　　吸血鬼の原典を読もう！……56
　　　　　器物の吸血鬼……113
　　　アルカードという名前……157
　　「ヴァンパイア」を作ったコウモリ……171
　　　　　杭打ちの心得……175
　　科学で迫る！吸血鬼タネ明かし……176

ヴァンパイアって何?
What is "Vampire"?

吸血鬼とはなんなのか、ですって?
それは……えーっと……クラウス!
いますぐシスターに、吸血鬼とは
何者なのかを教えてさしあげなさい。
高貴なる者は、軽々しくみずからの言葉を
弄したりしないものなのだわ(汗)

ヴァンパイアってなんだ!?

あのう、少しいいですか？ そもそも「ヴァンパイア」というのは、どのような方々なのでしょうか？ 私、人間の血を吸うとか、神を恐れるとか、そういう話しか聞いたことがないものでして。

なるほど。よい機会です。
ここは初心に立ち返って、我々ヴァンパイア……すなわち吸血鬼とはなんなのかというところからおさらいしてみるのもいいでしょう。

……あら？ すなわち吸血鬼……？
ちょっと待ちなさいクラウス、「ヴァンパイア」と「吸血鬼」って、同じ意味と考えてもよいのだったかしら？

「吸血鬼」「ヴァンパイア」という名前

ヴァンパイアとは、東欧に古くからある「動く死体」の名前のひとつでした。

この「動く死体」（ヴァンパイア）には人間の血を吸う特性があったので、西欧人はヴァンパイアを「人の血を吸う、動く死体」だと考えたのです。そのため日本でも、ヴァンパイアという英語は「吸血鬼」と翻訳されています。

ですが東欧には、血を吸わない「動く死体」や、生きた人間に憑依して他人の血を吸わせる、いわば「生ける吸血鬼」もおり、それらが明確な区別なく混同されています。

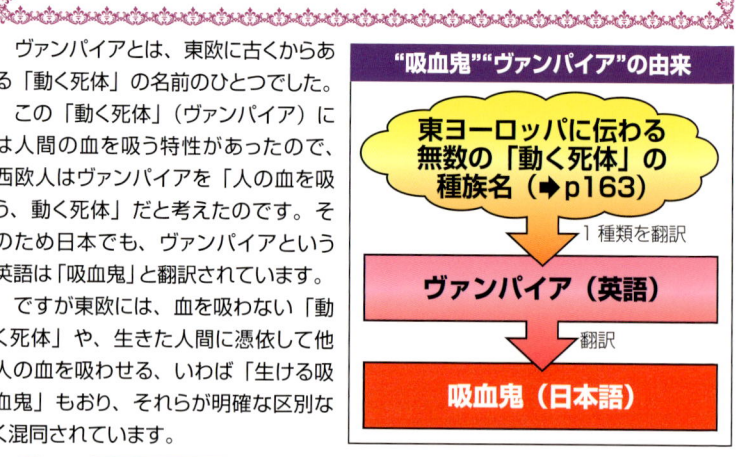

"吸血鬼""ヴァンパイア"の由来

東ヨーロッパに伝わる無数の「動く死体」の種族名（➡p163）
↓ 1種類を翻訳
ヴァンパイア（英語）
↓ 翻訳
吸血鬼（日本語）

このように「ヴァンパイア」という言葉は定義が難しいのです。ですのでここでは、特記なき限り、**「吸血鬼」と「ヴァンパイア」は同じ意味で、人の血を吸う、動く死体**だと定義します。例外を語るときはそう言いますのでご注意ください。

再確認！

吸血鬼ってどんな怪物だっけ？

- われわれ吸血鬼はどんな種族なのか、まずは身内ではなく、客観的な視点から意見を求めてみましょう。
シスター、吸血鬼とはどんな種族だと思われますか？

- えっ、わたくしですか!?
悪魔はともかく、吸血鬼にはあまりくわしくないのですが……。
ええと、大体このような種族だと聞きますね。

一般的な"吸血鬼"の特徴

外見
青白い肌で、犬歯のかわりに鋭い牙が、手にはとがった爪が生えている。

行動、能力
人間の首筋から血を吸う。狼をあやつり、コウモリに変身し、体を霧状にする。

服装
貴族のようなスーツの上に、黒いマントを羽織っていることが多い。

弱点
十字架、ニンニクが苦手。心臓に杭を打たれたり、日光を浴びると滅ぶ。

- へえ、私たちの特徴をよくとらえているじゃないの。
私は女だからスーツは着ていないけど、それ以外はだいたいあっているのだわ。

- お嬢様の身の回りにいる吸血鬼は、たしかにそのような存在です。
しかしシスター、これは『**ドラキュラ伯爵**』の特徴ではありませんか？
実は吸血鬼の世界には、これとは**まったく違う吸血鬼**もいるのです。

- あー、いるよねたしかに。もっと獣っぽいのとか、庶民っぽいのとか、そもそもモンスターっぽくないやつとか……。
うん、一言でいうと、まさに「まったく違う」よ。

- まったく違う……!?　だって、この特徴はどう見ても私やクラウスの特徴と同じじゃない。ほかにどんな吸血鬼がいるというの？
クラウス！　説明するのだわ！

まったく違う吸血鬼とは!? 次のページでcheck!!

「ドラキュラ」とは違う!? 多彩な吸血鬼たち

「夜の貴族でございーい」っていう、ドラキュラ伯爵やクラウスさんみたいな吸血鬼のほかにも、この世界にはいろんな種類の吸血鬼がいるんだ。例えばこんな感じにね！

「実在した吸血鬼」

「実在した吸血鬼」の正体は、ごく普通の人間です。彼らはさまざまな事情で、同時代の人々、あるいは後世の人々に「吸血鬼扱い」されてしまった人物です。

そもそも吸血鬼とは、東欧の民衆が生みだした空想上の怪物にすぎないのですが、彼らは吸血鬼の実在を信じて恐怖するあまり、妖しい行いをする生きている人間や、不自然な死に方をした死者のことを「この人間は吸血鬼だった！」と決めつけて恐れたのです。

「実在した吸血鬼」は、59ページから紹介！

「吸血鬼種族」

上でも説明したとおり、吸血鬼（ヴァンパイア）は、東欧の民間伝承で生まれたモンスターです。

東ヨーロッパでは、吸血鬼は「ヴァンパイア」のように一種類の名前で呼ばれることはなく、地域ごとに名前が違い、外見や能力が違うほか、吸血鬼の一種なのに血を吸わない者までいます。

本書ではこのような「地方ごとに名前や特徴が違う吸血鬼」のことを「吸血鬼種族」と呼んでいます。

「吸血鬼種族」は、79ページから紹介！

「神話・伝承の吸血鬼」

　吸血鬼は東ヨーロッパの民間伝承のなかで生まれ、実在するモンスターとして恐れられてきました。79ページから紹介している「吸血鬼種族」はこのように実在する怪物だと信じられてきた吸血鬼の種族ですが、一方で古い神話や中世の言い伝え、近代のうわさ話などで語られ、かならずしも実在したとは信じられていなかった「物語上の吸血鬼」もいます。

　この章で紹介するのは、彼らのように物語の登場人物として語られ、噂されてきた吸血鬼たちです。

「神話・伝承の吸血鬼」は、117ページから紹介！

「吸血鬼ハンター」

　東ヨーロッパでは、民衆が吸血鬼を実在の脅威として恐れてきたため、民衆は吸血鬼から身を守る対抗手段を求めるようになりました。それらの技術を継承し、行使するのが、一般的に「吸血鬼ハンター」と呼ばれる吸血鬼対策の専門家です。

　この章では、創作か実在かを問わず、知識と技術によって吸血鬼の害に立ち向かう人間のことを「吸血鬼ハンター」と呼び、特に有名な、3人と1組のハンターを紹介します。

「吸血鬼ハンター」は、129ページから紹介！

ここからは、いま紹介した4種類と、マリーカやクラウスみたいな「小説や映画に出てきそうな」吸血鬼、あわせて5種類の吸血鬼＆吸血鬼ハンターを紹介するよ！

ちょっと。吸血鬼について勉強するのだから、吸血鬼に会うのはいいでしょう。でも、吸血鬼ハンターまで呼んでいいと言った覚えはまったくないのだわ！この者たちは私たちの敵じゃないの！

まあ、お嬢様、そう目くじらをたてずともよいでしょう。吸血鬼として生きる者として、敵の武器を知っておくのは役に立ちます。人間たちの手の内をしっかり見せてもらうとしましょう。

この本の読み方

ここからは、41組43種の吸血鬼と、4組5名の吸血鬼ハンターを紹介いたします。実際にお会いになる前に、彼らがどんな人物なのか、簡単なプロフィールをご用意しました。ごらんになったうえで直接お話ししてみてください。

データ欄の見かた

干からびるまで愛してあげる
カーミラ
出典:『カーミラ』(著:シェリダン・レ・ファニュ/1872年アイルランド)
出身地:オーストリア　性別:女性

吸血鬼の名前(長音省略表記)

吸血鬼データ

- **出　典**:吸血鬼を紹介している資料や神話を表示します。カッコ内には資料の著者と制作年、発行された国が書かれます。
- **生没年**:実在の人物が吸血鬼と呼ばれた存在である場合、"〜"の左側に生まれた年、右側に死亡した年を表示します。
- **出身地**:吸血鬼の出身地です。
- **性　別**:吸血鬼の性別を表示します。

実在する吸血鬼と、架空の吸血鬼がいるのね。
あら、プロフィールに書かれている情報もずいぶん違うのね?

そうだね。実在する人物なら、いつの時代に生きていた人か知りたいところだし、架空の吸血鬼なら「どの文献に出てきた吸血鬼」かが重要だから。

それでは行ってらっしゃい……え? 一緒に行かなきゃだめですか、ですよね……。……40体以上の吸血鬼と直接会うなんて、私はどうなってしまうんでしょうか?
ああ、主よ、あわれなマルグリッテをお守りください!

17ページから、吸血鬼ツアーに出発進行!!

文学・映像の吸血鬼
Vampires in literature & film

多くの人が吸血鬼と聞いてイメージするのは、映画や小説などに登場する、架空の吸血鬼でしょう。ここでは、おもに1950年以前の古典的吸血鬼作品のなかから、吸血鬼文化に大きな影響を与えた15名の吸血鬼を紹介します。

illustrated by 皐月メイ

ドラキュラ伯爵

文学・映像の吸血鬼

優雅でキザな吸血貴族の先駆者
ルスヴン卿

出典：『吸血鬼』（1819年）　著：ジョン・ポリドリ　出身地：不明　性別：男性

紳士で貴族な吸血鬼

　吸血鬼の外見といえば「やせ形で青白い肌の体に、夜会服を隙なく着こなした美形の紳士」というスタイルが定番となっている。このような「貴族的」な吸血鬼の先駆けとなった存在は、実は吸血鬼小説の金字塔『ドラキュラ』より78年も前に生まれていた。1819年に発表された小説『吸血鬼』の主人公、ルスヴン卿である。

　ルスヴン卿は、灰色の瞳と鉛のような色の肌を持つ、正体不明の貴族である。クセのある性格で、派手な美女や嫌いな人物には目もくれない嫌味な人物として振る舞うが、無垢な少女や貞淑な人妻相手にはプレイボーイに変身する。

　多くの吸血鬼と違い、ルスヴン卿は変身能力や強靭な肉体こそ持たないものの、故郷から遠く離れても活動可能で、日光をあまり苦にしないなど、弱点らしい弱点がないのが特徴だ。ただ、ルスヴン卿は物語中でニンニクや十字架など「吸血鬼退治の定番アイテム」による攻撃を受けていないので、これらが弱点かどうかは不明だ。

　ほかにもルスヴン卿は「復活」「呪い」「誓いの強制」という能力を持っている。彼はたとえ肉体が滅んでも、月が昇るときの光で「復活」できる。そして小さな罪をおかした人間を「呪い」、さらに堕落させる。最後の「誓いの強制」は、物語の鍵となる能力で "ルスヴン卿と約束をした人物はその約束を破れなくなる" のだ。

　ルスヴン卿は、人間の青年と旅をする途中に、青年に「自分の身に起きたことを誰にも話さない」と誓わせる。その後青年はルスヴン卿の正体を見破るのだが、「誓いの強制」の能力せいで誰にも話せない。やがてルスヴン卿は、何もできない青年に見せびらかすように青年の妹と結婚し、彼女の血を吸い尽くしてしまった。

実在人物をモデルにした吸血鬼

　実はこの『吸血鬼』で、ルスヴン卿が貴族的な美形として描かれたのには理由がある。作者のジョン・ポリドリは、バイロン卿という有名な詩人貴族の専属医師だったが、彼は、美形で話し上手だが傲慢で嫌味なバイロン卿のことを嫌っていた。そこでポリドリは、バイロン卿の嫌な部分をモデルに、ルスヴン卿というキャラクターを生み出したのだ。これがヨーロッパ各国で大人気となり、以降の吸血鬼の多くが、ルスヴン卿のような外見とキャラクター性を持つようになったのである。

> フランスでは、『吸血鬼』の劇でルスヴン卿を演じた役者さんが亡くなったとき、教会が埋葬を断ったことがあるそうだよ。ただの演劇なんだから、そんなに目くじらを立てなくてもいいじゃんかー。

illustrated by 天領寺セナ

干からびるまで愛してあげる
カーミラ

出典:『カーミラ』（著：シェリダン・レ・ファニュ／1872年アイルランド）
出身地：オーストリア　　性別：女性

世界一有名な女吸血鬼

　世界一有名な"女"吸血鬼といえば、真っ先にあがるのはカーミラという吸血鬼だ。アイルランドの作家シェリダン・レ・ファニュの作品『カーミラ』に登場する女吸血鬼で、女性でありながら美少女を専門に襲うという特徴がある。

　カーミラの外見は、金髪混じりの茶褐色の髪を肩に掛かるくらいまでの長さに伸ばし、美しい黒い瞳を持った美女である。吸血鬼らしく、歯の一部が針やキリのようにとがっているという特徴もある。

　小説『カーミラ』は登場人物の日記の形をとって書かれている物語である。物語には終盤まで吸血鬼の専門家が登場しないため、カーミラの吸血鬼としての特徴は、断片的にうかがい知ることしかできない。

　日記によれば、カーミラはその名前と、良い家柄の生まれだということ以外の一切の素性が知られていないし、聞かれても自分の素性を決して明かそうとしない。ベッドから起きだしてくるのはきまって午後1時過ぎで、食事はチョコレートドリンク1杯をのぞいて一切口にしない。あきらかに栄養不足に思えるのだが、気だるげな仕草は見せても不健康な様子はまったく見られないのだ。夜になれば「鍵をかけてひとりきりでないと眠れない」と言い張り、カーミラの寝姿を見た者は誰もいない。

　言動には少女愛的な傾向が見られ、物語の主人公である少女ローラに度を超えた愛情を示す。抱き寄せての頬ずりからキス、性的な愛撫とも思える行為など、過剰なスキンシップをとりながら愛をささやくが、その内容にはなぜか死を暗示する言い回しがある。また、キリスト教の賛美歌が嫌いで聞くだけで激怒するなど、常軌を逸した行動で周囲の人々を驚かせている。

『カーミラ』の世界の吸血鬼の特徴

　物語終盤になって作中に登場する吸血鬼専門家によれば、カーミラをはじめとする吸血鬼たちには以下のような特徴があるという。

・人間の血を吸って数日で殺すのが普通だが、特定の獲物に強く執着し、長期にわたって血を吸い続けることがある。
・鍵のかかっている扉などを通り抜けられる（方法は不明）。
・吸血鬼に握られた部位はしびれて麻痺し、なかなか治らない。
・最初に吸血鬼になるのは、悪事をはたらいて自殺した者。
・吸血鬼に襲われた人間も、死後に吸血鬼となる。

物語終盤にカーミラが滅ぼされる場面では、棺に納められたカーミラの肉体には呼吸も鼓動もあり、棺の中には血液が溜まっていた。

カーミラはまず、心臓に杭を打ち込まれて断末魔の悲鳴をあげ、斬首、火葬のうえ遺灰を川に流された。これらの退治法は、かつて東欧で実際に行われた吸血鬼退治法とほとんど同じものである。

3人の「カーミラ」

小説『カーミラ』は、主人公の少女ローラが、不思議な美女カーミラと過ごす甘い生活と、その裏で起きている陰惨な事件が同時に進む物語だ。ローラは知らないあいだにカーミラに血を吸われて衰弱していくが、誰もローラの身に起きていることに気がつかない。だがローラの親戚の軍人がかわいがっていた姪をある吸血鬼に殺されたことがきっかけで、カーミラの正体が明らかになる。ローラの父親は軍人と協力してカーミラの謎を解き、その墓をあばいて滅ぼすことに成功するのだ。

この物語のカギを握るのは、カーミラをはじめとする3人の女性である。残りのふたりは、軍人の姪を殺した吸血鬼「ミラーカ」と、100年以上前に死んだという伯爵夫人「マーカラ」だが……実はこの3人は同一人物なのだ。

3人の名前をアルファベットで書くと、カーミラ（Carmilla）、ミラーカ（Millarca）、マーカラ（Mircalla）となる。この3人の名前に使われている文字はすべて同じで、順番を入れ替えただけのアナグラムになっているのだ。

すべてのはじまりである伯爵夫人マーカラは、吸血鬼に襲われて死んでいた。ところが彼女の夫は、マーカラに吸血鬼予防の儀式をする前に死んでしまったため、マーカラ伯爵夫人は吸血鬼としてよみがえってしまう。そして彼女は、吸血鬼ミラーカとして将軍の姪を殺したあと、ローラを気に入って餌食にしていたわけだ。

『カーミラ』が残した影響

はじめて紳士的吸血鬼を活躍させたポリドリの『吸血鬼』と同様、『カーミラ』ものちの吸血鬼文化に大きな影響を残した。特に作者のレ・ファニュと同じアイルランド人であるブラム・ストーカーの『ドラキュラ』は、『カーミラ』の吸血鬼像から大きな影響を受けている。

だが作品の知名度のわりに、『カーミラ』を映像化した作品は比較的少ない。現在でも視聴しやすいのは、1970年のイギリス映画『ヴァンパイア・ラヴァーズ』や、1964年のイタリア映画『女ヴァンパイア カーミラ』などごくわずかだ。

DVD《女ヴァンパイア カーミラ》販売：WHDジャパン 価格：3990円（税別）

『カーミラ』は、吸血鬼の世界に同性愛、レズビアニズムを持ち込んだ最初の作品だと言われているそうです。こんな綺麗な吸血鬼様に迫られたら……ああっ、いけません！ 主が見ておられます（くねくね）

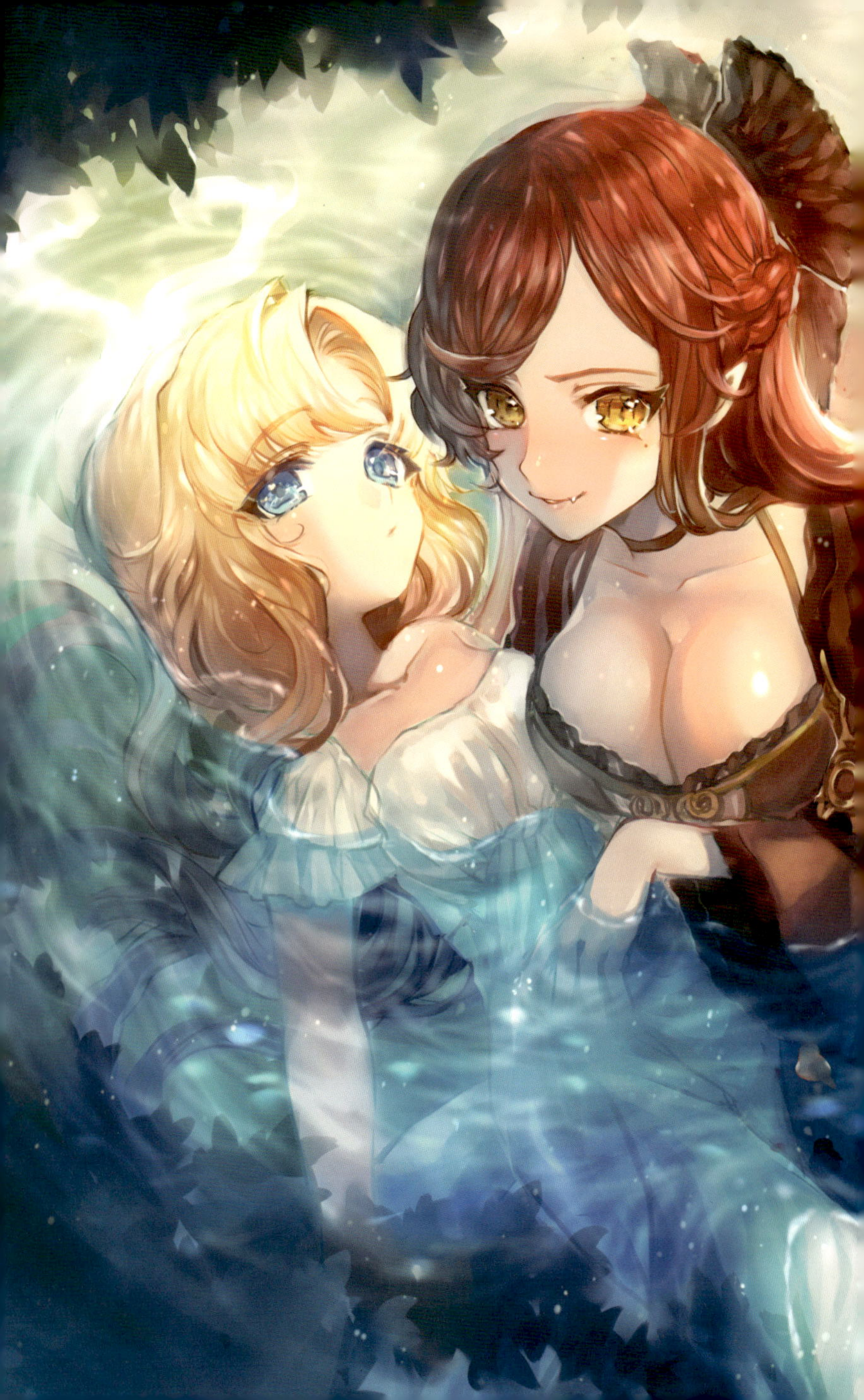

illustrated by ももしき

文学・映像の吸血鬼

月夜の晩には吸いに行くよ♥
アツォ・フォン・クラトカ

出典：『謎の男』（作者不詳／1860年）　出身地：カルパチア山脈　性別：男性

カルパチア山脈の吸血鬼騎士

『ドラキュラ』が発表される37年前の1860年、匿名の小説『謎の男』が発表された。この作品は吸血鬼文学の王道的内容で、後世での影響が指摘される作品である。

アツォは、さびて穴の空いた鎧を着て、カビが生えた剣を腰から下げた騎士の姿の吸血鬼である。頭には羽のついた帽子を、鎧の上には短い外套を身につけている。

彼は物語がはじまる100年ほど前、東欧に広くまたがる"カルパチア山脈"の城に住む人間の騎士だった。しかし遊牧民にひどい仕打ちをしたり、好みの女性をさらって城へ連れ込んだりしたため、怒った村人たちに殺されたのである。こうした罪のためか、アツォは死後、生前と同じ姿で吸血鬼となった。彼は昼のあいだは廃墟となった城にある棺で眠っていて、月の出る夜だけ吸血鬼として活動するのである。

アツォとともに物語の中心となるのは、慎ましやかな少女ベルタと、活発で恋に積極的な少女フランチスカのふたりである。物語の冒頭で、彼女たちが乗った馬車が狼の群れに襲われ、アツォが狼を退散させる。その後、少女たちは廃墟でアツォと再開すると、命の恩人であるアツォを、自分たちが滞在する城へ招待してしまった。

アツォは少女フランチスカに目をつけ、寝ている彼女から何度も血を吸う。しかし誤算だったのは、アツォに対抗できる敵が近くにいたことだった。ここで物語に「戦争から帰ってきた騎士」が登場。彼が身につけていた「魔術的な力を持った義手」の力によって、アツォの正体が発覚する。

フランチスカは騎士の作戦によって吸血鬼の呪縛から解放され、さらにアツォの正体を知った人々によって遺体が眠る納骨室を土壁で塗り込められる。こうしてアツォは永遠に封じ込められてしまったのだった。

『謎の男』は『ドラキュラ』のモデルとなったか？

小説『ドラキュラ』と、この『謎の男』には共通点が多いと指摘される。アツォとドラキュラの性格や、両者がカルパチア山脈に住んでいること、物語に「比較的おっとりしたヒロイン」と「吸血鬼の犠牲になる女性」が登場するという展開が特によく似ている。『ドラキュラ』の作者ブラム・ストーカーが『謎の男』を参考にしたというたしかな証拠はないが、そう感じてもおかしくないほど共通点が多いことは事実だ。

> このアツォっていう吸血鬼、ちょっとうっかりなところがあるようね。若い騎士がつけた「義手」の霊力を感じ取って、騎士が同類の吸血鬼じゃないかと勘違いする場面があるのだわ。

illustrated by あおいサクラ子

文字・映像の吸血鬼

おいしすぎて我慢できない♥
ブルンヒルダ

出典:『死者よ目覚めることなかれ』／著:ヨハン・ルードヴィッヒ・ティーク／1800年ドイツ）
出身地:不明　性別:女性

血液の美味に魅せられた美女

　吸血鬼はなぜ人間の血を吸うのだろうか？　一般的には「生者の血液は生命の源であり、吸血鬼の偽りの生命を保つために不可欠な食料」だと解釈されることが多い。だが、ここで紹介するブルンヒルダという女吸血鬼の場合は事情が違う。彼女は血を吸わなくても生きられるのに、血液の味に魅せられてしまった吸血鬼なのだ。

　ブルンヒルダは、ドイツの小説家ヨハン・ルードヴィッヒ・ティークの短編小説『死者よ目覚めることなかれ』の主人公で、長い金髪の美女である。

　若くして死んだ彼女は、生前の夫ウォルターが出会った謎の魔法使いの力で復活する。吸血鬼となったブルンヒルダは、神秘的な視線で相手を威圧する能力を持つが、日光が苦手だったり、新月の晩にすべての能力が封印されるという弱点もあった。

　ブルンヒルダが生き続けるためには、「生命の炎」というエネルギーを燃やし続ける必要がある。これは人間の血液からも摂取できるが、基本的には愛情やスキンシップなど、心の「暖かみ」から得られる精神的なものである。だがあるときブルンヒルダは、のどの渇きに耐えられず、ある青年の静脈から"暖かみ"、つまり血液を吸ってしまう。以降ブルンヒルダは血の味の虜になり、近所の子供を優しい笑顔と言葉で安心させては自分の家に連れ込み、ひざの上で子供が寝たところを見計らって、子供の胸から血を吸うようになったのだ。血を吸われた被害者は死亡するか、生き残ったとしても髪は灰色となり、死人のようにしわだらけになってしまう。

　夫のウォルターだけは襲わないようにと我慢していたブルンヒルダだが、やがて我慢に限界が訪れ、彼女はウォルターの血を吸おうとする。驚いたウォルターは逃走すると、謎の魔法使いから彼女を倒す方法を聞きだして逆襲。ブルンヒルダは力を失う新月の晩に、夫に胸を刺されて2回目の死を迎えたのだった。

文学史上初の女吸血鬼

　『死者よ目覚めることなかれ』は、『ドラキュラ』よりも90年近くも昔、西暦1800年に誕生した作品だ。吸血鬼を題材にした小説のなかでも古い部類に入る作品で、アメリカの吸血鬼研究家マシュー・バンソンの吸血鬼解説書《吸血鬼の事典》では、文学の世界にはじめて登場した女性吸血鬼として彼女のことを評価している。

> 有名な「カーミラ」様よりも古くに創造された女性吸血鬼ということで、ブルンヒルダ様は吸血鬼文学の研究者のなかでも一目置かれる存在です。それだけに、原典の日本語訳がないことが悔やまれます。

illustrated by くろぬこネーロ

文字・映像の吸血鬼

愛と理性と本能の三角関係
クラリモンド
出典:『死霊の恋』(著:テオフィル・ゴーティエ/1836年フランス)　出身地:フランス　性別:女性

人間の男を愛した吸血鬼

　19世紀フランスの文豪ゴーティエの小説『死霊の恋』は、もっとも優れた吸血鬼小説のひとつに数えられる傑作だ。この物語のヒロインは、クラリモンドという名の高級娼婦。望まない形で吸血鬼となり、血を吸う本能に抗い続けた女性である。

　クラリモンドは、真ん中で分けた淡いブロンドの髪、海緑色の眼と女神のような肢体を持つ美女だった。物語中には、"天使のようだ""聖女のような"など、彼女の美しさをほめたたえる表現があふれかえっている。

　吸血鬼としてのクラリモンドは、よくある怪奇小説の吸血鬼たちと違って、人間的な心をそのまま残した女性として描かれている。彼女はほかの吸血鬼と同じように、自分の生命を維持するために人間の血液を必要としているのだが、人間を苦しめることを嫌う彼女は他人を襲わない。恋人に睡眠薬を飲ませたうえでその体を針で突き、そこからにじみ出てきた数滴の血をもらうだけにとどめているのだ。

引き裂かれた禁断の恋

　クラリモンドは、物語の最初から吸血鬼だったわけではない。物語の主人公である聖職者の青年ロミュアルドがはじめて彼女に会ったとき、彼女はまだ人間だった。ロミュアルド青年は、自分が教会の司祭になる式典の最中、クラリモンドの姿を見て一目で恋に落ちてしまう。それから1年後、ロミュアルドが葬式のために民家へ向かうと、棺の中で息絶えていたのはあのクラリモンドだったのだ。ロミュアルドはクラリモンドの美しい死に顔に思わず口づけしてしまい、その結果彼女にに生気を与えてしまった。こうしてクラリモンドは、吸血鬼として復活することになったのだ。

　その後の物語は、ふたりの3年間におよぶ激しい恋と、吸血鬼の生命を保つため、涙を流しながらロミュアルドの血をなめるクラリモンドの葛藤、そして神の理に反した吸血鬼との恋を懺悔するロミュアルドの苦悩を軸に展開していく。

　ふたりの恋は、自分の教え子であるロミュアルドとクラリモンドの関係を怪しんだ神父が、クラリモンドの墓をあばき、ロミュアルドの目の前で彼女に聖水をかけて滅ぼしたところで幕を閉じる。クラリモンドは最後に「私が何か悪いことをしましたか?」と言い残して消えていった。

> 吸血鬼退治の基本は、見敵必殺(サーチ&デストロイ)!!　……なんだけど、クラリモンドさんくらい無害でけなげな吸血鬼だと、ちょっと滅ぼすのをためらっちゃうなあ……。

illustrated by クレタ

骸骨の伯爵様と美人吸血鬼
ベルタ・クルテル

出典:『骸骨伯爵 あるいは女吸血鬼』／著:エリザベス・キャロライン・グレイ／1828年イギリス
出身地:ハイデルブルク（ドイツ）　性別:女性

魔術でつくられた吸血鬼美女

　吸血鬼文学において、人間が吸血鬼になる原因としてもっとも多く登場するのは「ほかの吸血鬼に血を吸われた者が、死後に吸血鬼となる」ものだ。だがブルンヒルダ（→p26）のように、文学の世界では魔術によって吸血鬼がつくられることがある。このページで紹介するベルタ・クルテルも、魔術によって吸血鬼となった存在だ。

　ベルタはある村の農夫の娘で、美しい少女だったが、若くして急死してしまう。そんな彼女の死体に、付近に住むロドルフという伯爵が目をつけた。ロドルフ伯爵は魔術に傾倒していて、悪魔と契約し「日が沈んでから夜明けまでのあいだ、ただの骸骨になる」という代償と引き替えに、永遠の命を手に入れていた。

　ロドルフがベルタに目をつけたのは、彼が"人間をよみがえらせる"研究に没頭して実験を繰り返していたからだ。彼は手下を使って、死んで間もないベルタの遺体を自分の居城に運び、魔術と霊薬によって生き返らせてしまったのである。

　復活したベルタには生前の記憶がなく、ロドルフに言われるまま、彼の愛人となる。しかしロドルフは気づかなかったが、ベルタは吸血鬼となっていた。彼女は夜になると城を抜け出し、本能のおもむくままに寝ている人間を襲って血をすするのである。ベルタは自分が「他者の血を吸う」という恐ろしい行為をしたことに身震いするが、血の渇きに耐えられず、次の日も夜中に血を求めて村へと向かったのだった。

村人によって2度目の眠りに

　ベルタが2度目に村を襲撃した翌日、村人たちは吸血鬼退治に動き始める。「死んだはずのベルタが村人を襲った」「ベルタの死体が墓から消えた」「ベルタに生き写しの女性がロドルフの城にいる」といった状況から、村人たちは武器を手にロドルフの居城を襲撃したのである。

　ロドルフは、村人たちの叫びから、自分が復活させた女性が吸血鬼になっていたことに気づいて驚くが、かまわず村人たちに応戦。しかし、日没によって伯爵は骸骨に変わり、身動きができなくなってしまう。守る者がいなくなったベルタは、突入してきた村人たちに命乞いをするも捕らえられ、本来彼女がいるべき教会の棺へと押し込められた。そして胸に杭を打ち込まれ、今度こそ永遠の眠りについたのである。

> 『骸骨伯爵～』では、吸血鬼ベルタに襲われた女性が死なず、その後吸血鬼にもなっていません。物語の主役は「骸骨伯爵」のほうですし、吸血鬼小説というよりはごった煮の怪奇小説のおもむきですね。

illustrated by kirero

杭打ちだってこわくない！
フランシス・ヴァーニー

出典：『吸血鬼ヴァーニー、血の饗宴』（著：ジェイムズ・マルコム・ライマー？／1847年イギリス）
出身地：イギリス　性別：男性

何度でもよみがえる不滅の吸血鬼

　鉛のような瞳と鋭い牙を持ち、騎士のような服装を好む吸血鬼。フランシス・ヴァーニーは、1847年にイギリスで出版された『吸血鬼ヴァーニー、血の饗宴』（Varney the Vampire, or the Feast of Blood）の主人公だ。全220章868ページにもおよぶ長大な作品の主役であるヴァーニーの最大の特徴は、その不死性である。

　もともと物語に登場する「吸血鬼」という存在は、太陽の光を浴びたり、心臓に杭を打ち込まれるなど弱点を突かれない限り復活する不死身の怪物だが、そのなかでもヴァーニーの不死性は群を抜いている。彼は長大な物語のなかで、あるときは首を締められ、あるときは銃で撃たれ、そしてまたあるときは吸血鬼の急所である心臓に杭を打ち込まれるのだが、そのたびに復活する。実はヴァーニーは、月の光を浴びると復活するという特殊能力を持っており、普通の吸血鬼が滅びるような攻撃を受けてもよみがえってくるのだ。

　しかし何度も復活を繰り返すうちに、ヴァーニーの精神は永遠の生に疲れ果ててしまった。彼は、自分の体が決して復活しないように、古代ローマの大都市ポンペイを一夜にして飲み込んだ火山"ヴェスヴィオス"の火口にその身を投じて、永遠の生命と別れを告げたのである。

整合性のとれない設定の数々

　『吸血鬼ヴァーニー、血の饗宴』は、もともと「ペニー・ドレッドフル」（小銭で買える恐怖雑誌）と呼ばれる雑誌に連載されていた連続小説である。ペニー・ドレッドフルは刹那的な娯楽を追求する本なので、文学的価値よりもその場のインパクトを重視する。そのためこの作品には、設定の整合性がまったくない。

　例えば物語の最初期には、ヴァーニーは電気ショックで復活した死者だと説明されていた。ところが話が進むと、ヴァーニーは自殺者だったり、子供殺しの極悪人だったりと、話の都合で設定がどんどん変えられているのだ。

　ともあれ、ロンドン市民が求める吸血鬼像を反映しているという意味で、この作品は価値のある一冊だ。ヴァーニーが作り上げた吸血鬼の典型的イメージは、その後の『ドラキュラ』にもそのまま引き継がれている。

> イギリスで吸血鬼ブームが長続きしたのは、「民衆が、お上品ぶった現実世界に嫌気が差していた」せいだという話ね。クラウスは、イギリスは紳士の国だと言っていたけど、これを聞くとそうは思えないのだわ。

illustrated by 久野元気

文学・映像の吸血鬼

血液よりも愛に飢えたヒロイン
コリントの花嫁

出典:『コリントの花嫁』（著:ゲーテ／1797年ドイツ）　出身地:コリント（ギリシャ）　性別:女性

純白のドレスに飾られた美女吸血鬼

　ドイツの詩人ゲーテの詩『コリントの花嫁』は、吸血鬼を題材にしたもっとも古い作品のひとつで、有名な『ドラキュラ』より100年も前に書かれたものである。この詩に登場する吸血鬼は若い美女だが、作中で名前を呼ばれていないので、本書では作品名から「コリントの花嫁」と呼ぶことにする。

　彼女は、ギリシャ南部にある都市「コリントス」に住んでいた美しい女性だった。だが彼女の母親は、自分の病気を治すため、彼女を殺害して神への生け贄にしてしまう。彼女はその後、吸血鬼として復活して物語にあらわれるのだ。

　吸血鬼となった「コリントの花嫁」は、蒼白い肌の美女として描かれている。服装は白を基本に、額に巻いた黒と金色のリボンがアクセントになっている。顔には白いヴェールがかけられ、その姿はウエディングドレスを着ているようにも見えた。

　彼女の吸血鬼としての能力は、作中でほとんど描写されていない。わかっているのは、彼女が墓地から這い出して復活したこと、人間の胸から血を吸うこと、そして彼女に血を吸われた者は、朝までに白髪の死体に変わってしまうことだ。

1600年越しのリメイク作品

　『コリントの花嫁』のテーマは、吸血鬼の悲劇的な恋である。母親のせいで吸血鬼になってしまった花嫁は、物語のなかで、花嫁の家を訪れた青年と恋に落ちた。青年は、彼女が吸血鬼であることを承知のうえで一夜の愛にふける。

　だが彼女は、このままでは自分が吸血鬼として人々の血を吸い続けるだろうことを自覚していた。そこで花嫁は、青年の血を吸って殺したうえで、青年と自分の死体を火葬してほしいと希望する。コリントの花嫁は、血を吸う本能と決別し、青年と冥界で一緒になるために、みずから滅びを選んだのだ。

　この物語は、詩人ゲーテが2世紀ごろのギリシャ人作家"トラレスのフレゴン"の作品『奇妙な物語』にヒントを得て製作したものだ。この物語のヒロインである少女フィリニオンは吸血鬼ではないが「よみがえった死者」であり、話の筋も非常によく似ている。ゲーテは、ローマ帝国で人気だったこの物語に、西ヨーロッパに広まりつつあった吸血鬼の特徴を組みあわせ、すぐれた物語として完成させたのだ。

> この作品では、コリントの花嫁の家はキリスト教徒で、青年の家はギリシャの古い神を信仰する異教徒なんだそうです。異教徒よりキリスト教徒を悪者にするなんて、ゲーテさん、主の怒りに触れますよ!?

illustrated by ももしき

吸血鬼といえばこの人！
ドラキュラ伯爵

出典：『ドラキュラ』（著：ブラム・ストーカー／1897年アイルランド）
出身地：トランシルヴァニア　性別：男性

世界で一番有名な吸血鬼

　吸血鬼という言葉を聞いて、最初に思い浮かべるのはどの吸血鬼だろうか？　おそらく多くの人が「ドラキュラ」と答えるだろう。吸血鬼作品の世界のスーパースターである彼は、1897年にアイルランドの作家ブラム・ストーカーが発表した小説『ドラキュラ』に登場する吸血鬼であり、吸血鬼の代名詞ともいえる有名人である。

　小説『ドラキュラ』は、1897年時点ですでに数多く登場していた吸血鬼文学と比較しても傑作として評価されており、後世でも「『ドラキュラ』のあとに吸血鬼小説なし」とまで言われる、吸血鬼作品の金字塔的存在だ。そのため現在では、「ドラキュラ」を吸血鬼を意味する単語として使うことすらある。

　本書では、148ページから『ドラキュラ』の登場人物やあらすじについてくわしく紹介しているので、このページでは物語中のドラキュラの外見や特殊能力などを中心に、吸血鬼ドラキュラという存在そのものに注目して紹介していこう。

ドラキュラの内面と外見

　ドラキュラは、少なくとも数百年の時を生きている吸血鬼である。ドラキュラが住むのは、東欧の国ルーマニアの西部、トランシルヴァニア地方にある城であり、この周辺を治める伯爵を名乗っている。性格は一見おおらかで人がよさそうだが、実際にはプライドの高いひねくれ者で、気分を害すると激昂して手近のものを破壊したり、相手を脅しつけたりすることも少なくない。ドラキュラは昼間は城の中に隠している棺桶で眠り、夜になると起き出して活動をはじめるのだ。

　小説『ドラキュラ』の作品中では、「白髪だらけの老人」「背が高く痩せている」「荒ワシのような鼻に、張り出した額」「燃えるような赤い目と赤い唇」「鋭く尖った爪」という外見描写がなされている。白くて長いヒゲをのばし、口元には吸血鬼のお約束である「牙のように鋭く長い犬歯」を生やしている。この剣呑な体を黒一色のスーツに包んだ貴族風の男性が、ドラキュラ"伯爵"を名乗る彼の外見である。

　ドラキュラといえば「襟を立てた黒いマント」のイメージがあるが、少なくとも小説の『ドラキュラ』ではそういった描写は見られない。実はドラキュラがマントを着るようになったのは、『ドラキュラ』出版後にはじまった舞台演劇からである。この舞台では「ドラキュラが突然消える」演出があり、そのための小道具としてドラキュラ役の演者にマントを着せたのである。この外見がのちの作品でも踏襲され、原作小説にはない黒いマントが、ドラキュラのトレードマークになったのだ。

ドラキュラ伯爵の"強さ"と"弱さ"

物語で描かれるドラキュラは非常に強力な吸血鬼であり、超人的な特殊能力をいくつも持っている。しかし、それと同時に吸血鬼ならではの弱点も有している。

◆ドラキュラの"強さ"◆

ドラキュラは超人的な腕力を持っている。その力は作中で「大人20人分」と表現され、大人を片手で地面に叩きつけて殺してしまうほどだ。

物理的な力だけでなく、変身能力も持っている。ドラキュラは作中で、「コウモリ」や「塵」、「霧」に変身した。彼は変身をおもに移動のために使う。コウモリで空を飛び、塵や霧と化して小さな隙間から室内に侵入するのだ。また変身能力とは違うが、ドラキュラは垂直な壁に手足で張り付いて、自由自在に上り下りすることもできる。

また魔法的な力も持っており、狼やネズミにコウモリ、さらには人間すらも意のままにあやつったり、天候を支配して、雨や雷、霧などを呼び出すこともできる。

◆ドラキュラの"弱さ"◆

ドラキュラは、十字架やニンニクが苦手で、これらに近づきたがらない。建物の中に入るためには「誰かに招き入れられる」必要がある。そして「流れる水」を自力で渡ることができず、毎日「故郷の土の上」で眠らなければいけない。肉体の急所は心臓であり、これを破壊されると滅んでしまう。民間伝承では白木の杭で心臓を貫くのが作法だが、ドラキュラの場合は短刀でも心臓を貫けば滅ぼすことができる。

ただしドラキュラには、工夫によって弱点をカバーする知恵がある。ドラキュラは「毎日故郷の土の上で寝る必要がある」ため、トランシルヴァニアから出ることができないはずなのだが、彼は「故郷の土を敷き詰めた棺」を複数用意して船便で送ることで、遠く離れたイギリスの首都ロンドンでの活動を可能にした。

なお、「日光に当たると滅びる」という吸血鬼のお決まりは彼に当てはまらない。たしかにドラキュラは昼間は棺で眠り夜活動するし、日光が嫌いで昼間は変身能力が使えなくなる。しかし作中では昼間に町を歩く描写もあるのだ。

ドラキュラが"血を吸う"意味

民間伝承の吸血鬼が血を吸うのは、血液を栄養とするためだ。ドラキュラが血を吸う理由もそれに近いが、作中で吸血鬼ハンターのヘルシング教授（→p132）がその理由をくわしく説明している。ヘルシングによれば、ドラキュラは人間の血で"生命力を補充する"ことで何百年という時を生きてきた存在であるという。

それを裏付けるように、物語の序盤と中盤以降とではドラキュラの外見が大きく変わっている。物語のはじめ、ドラキュラ伯爵は白髪とシワだらけの老人だった。しかし、人間の血を吸ったあとのドラキュラは黒髪となり、顔のシワがなくなっているのだ。

> 近年では、吸血鬼は処女の生き血しか吸わないという風聞もありますが、小説のドラキュラ伯爵は男性の血も吸っています。偏食がないというのは結構なことですね、お嬢様も伯爵を見習っていただければと。

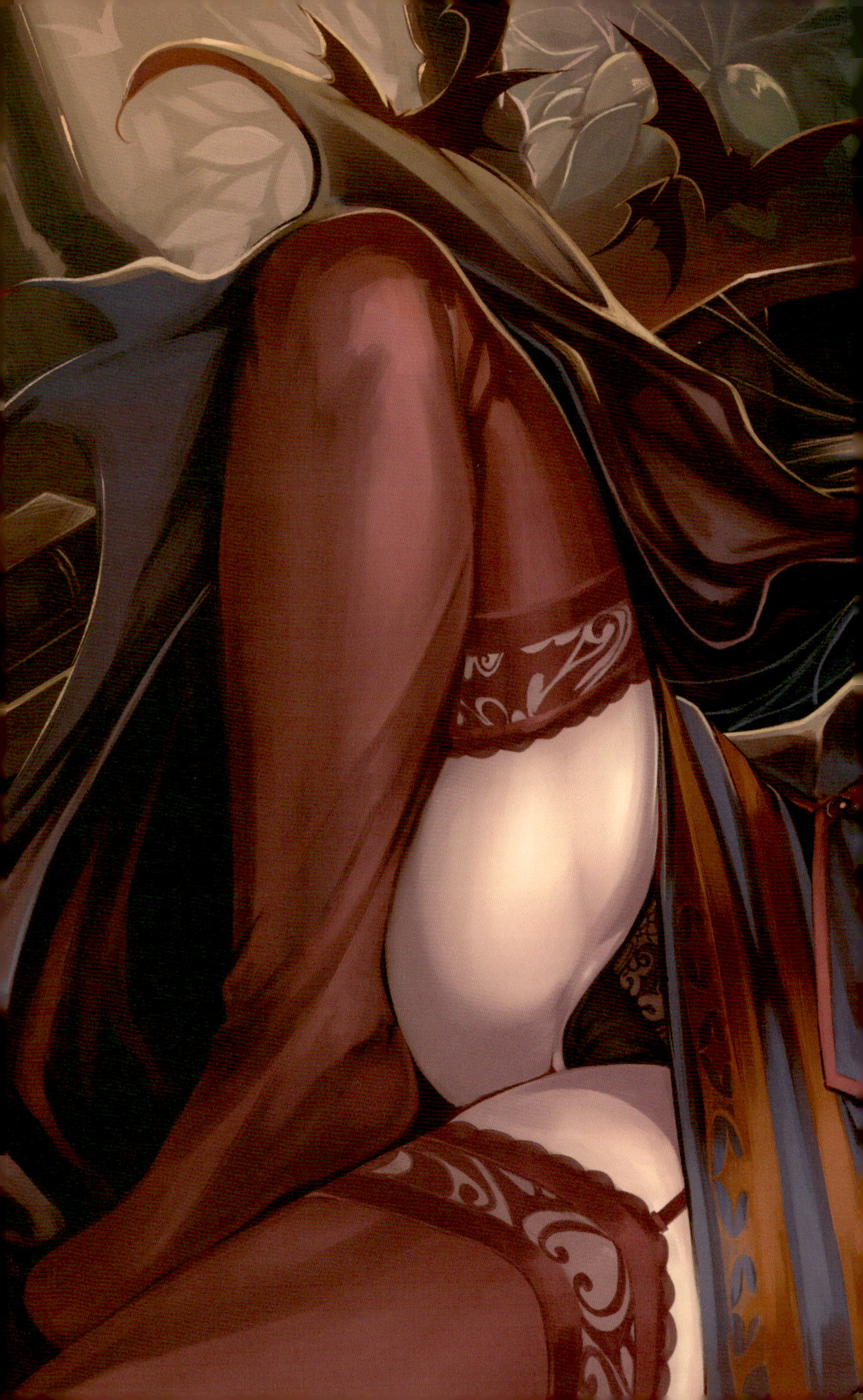

illustrated by しおこんぶ

見た目は別人、中身は同じ！
オルロック伯爵

出典：映画『吸血鬼ノスフェラトゥ』（1922年ドイツ）　出身地：ルーマニア　性別：男性

伝説の名作から生まれた吸血鬼

　1922年にドイツで制作された吸血鬼映画『吸血鬼ノスフェラトゥ』は、オルロック伯爵という吸血鬼を主役に置いた作品である。

　この吸血鬼は、毛髪のまったくない頭部に大きな目ととがった耳がついており、犬歯ではなく2本の前歯がネズミのように伸び、鋭く長いかぎ爪を持っているというもので、ドラキュラ伯爵（→p36）のような貴族的な外見の吸血鬼とはかなり違った描かれ方をしている。

　ところが意外なことに、オルロック伯爵とドラキュラ伯爵は、ある意味では"同一人物"なのだ。

　黒いコートをまとった吸血鬼「オルロック伯爵」は、ドラキュラと同じく、ルーマニアのトランシルヴァニア地方出身の吸血鬼だ。彼は美女の血液を求めて国を出て、大都会で暗躍し、女性の血を吸い尽くして吸血鬼にしてしまう……ここまで説明すればピンと来た人も多いだろう。映画『吸血鬼ノスフェラトゥ』は、ブラム・ストーカーの小説『ドラキュラ』を原作にした作品であり、オルロック伯爵は、ドラキュラ伯爵のかわりに置かれた吸血鬼なのである。

　その不気味な外見と、俳優「マックス・シュレック」の好演もあって、劇中のオルロック伯爵は、いかにも何かを企んでいるような不気味な雰囲気をただよわせている。あまりの熱演ぶりに、映画の公開当初のドイツでは「これは作り物ではなく、本物の吸血鬼なのではないか」という噂が広まるほどだった。

映画『吸血鬼ノスフェラトゥ』のオルロック伯爵。

『ドラキュラ』と『吸血鬼ノスフェラトゥ』の違い

　この映画のストーリーは、いくつかの重要な部分をのぞいて『ドラキュラ』と同じだが、もっとも重要な吸血鬼には、かなりの設定変更が加えられている。上で説明したように、名前がオルロック伯爵へ変わり、外見が東欧の伝統的な吸血鬼像（→p81）に近づけられているほか、ネズミをあやつって「黒死病」（ペスト）という伝染病を流行らせたり、日光を特に苦手とするという新しい特徴が付け加えられている。

　ストーリー面でもっとも大きな変更点は、物語のクライマックスだ。小説『ドラキュラ』

illustrated by しかげなぎ

では、ドラキュラ城へ逃げる伯爵を追いかけた青年たちが、伯爵の胸に杭を打ってとどめを刺している。だが『吸血鬼ノスフェラトゥ』では、オルロックを殺したのはヒロインの女性なのだ。オルロックに狙われていた彼女は、この吸血鬼をわざと自室に招き入れ、自分の血を吸わせる。夜明け間近であることを忘れて血を吸い続けたオルロックは、弱点である日光を浴び、灰となって消滅したのである。

　ちなみに原作の『ドラキュラ』では、ドラキュラ伯爵が日光を危険視する描写はまったくなく、晴れた昼間に町を歩いているシーンもある。吸血鬼が日光で滅ぶという現在ではおなじみの設定は、この『吸血鬼ノスフェラトゥ』で初めて登場したのだ。

『吸血鬼ノスフェラトゥ』製作の裏側

　映画評論家には名作として名高い『吸血鬼ノスフェラトゥ』だが、一般向けの知名度は、これまで制作されてきたドラキュラ映画などに比べて非常に低い。実はこれには理由がある。映画『吸血鬼ノスフェラトゥ』は、原作小説『ドラキュラ』の権利者に無断で製作され、著作権違反で発表禁止処分になった作品なのだ。

　『吸血鬼ノスフェラトゥ』を制作したドイツの映画会社プラナ・フィルムは、登場人物の名前や特徴、物語の筋に手を加えることで、「小説『ドラキュラ』とは関係のないオリジナル作品」だと主張し、権利保有者であるブラム・ストーカーの遺族に無断で映画を公開してしまった。つまり本作の吸血鬼の名前がドラキュラから変わったのは、権利問題を回避するための苦肉の策なのだ。

　ドイツでの初公開後、ストーカーの遺族から著作権違反だと裁判を起こされたこの映画は、裁判に負けて公開中止となる。フィルムは焼却処分され、この作品は映画の歴史から抹消される……はずだった。実際に焼却処分されたフィルムは原版1本だけで、コピーされた海賊版が各地に保管されていた。監督のムルナウが事業に成功したり、アメリカで吸血鬼ブームが巻き起こるなどの追い風を受けて、1929年にはアメリカで『吸血鬼ノスフェラトゥ』が公開されることになったのだ。

　作品の出来以外の部分で不手際のあった本作だが、吸血鬼映画としての評価は高く「吸血鬼映画の最高傑作」と呼ぶ声まである。1978年には、ドイツでこの作品がリメイクされているほか、2000年にはアメリカで、本作公開直後の噂をもとに「オルロック伯爵を演じたマックス・シュレックは、本当に吸血鬼だった」という、ユニークな設定の映画『シャドウ・オブ・ヴァンパイア』も製作された。幻の作品であった『吸血鬼ノスフェラトゥ』が、吸血鬼映画の世界にどれだけ大きな衝撃を与えたのかがよくわかるエピソードだ。

オルロック伯爵を演じたマックス・シュレックの素顔。

（『ノスフェラトゥ』視聴中）……ちょっと止めて！　ねえクラウス、このオルロック伯爵は「太陽の光に弱い」のよね？　このシーン、あきらかにオルロックに日光が当たって影ができてるじゃない。どういうことなの!?

絶対読みたい！吸血鬼物語① 『ドラキュラ』

> はい、この方なら私も知っています！ やっぱり吸血鬼といえばドラキュラ伯爵ですよね。『ドラキュラ』を知らずに吸血鬼を語ったら、モグリだと言われてしまいそうです。

これを読まずして吸血鬼は語れない

　初期吸血鬼文学の最高傑作であり、現在のすべての吸血鬼文学に影響を与えている『ドラキュラ』。吸血鬼文学、映画、コミックなどの吸血鬼文学を楽しみたいと考えているなら、何よりもまず読むべき一冊だ。本書では 148 ページより『ドラキュラ』の人物やあらすじを紹介しているが、可能ならそれを読む前にぜひ『ドラキュラ』の原典を読み、新鮮な驚きと恐怖を味わってもらいたい。

　日本人が『ドラキュラ』の物語を読みたいと思う場合、どの翻訳を選ぶかという点が重要になってくる。本書でお勧めしたいのは、創元推理文庫から出版されている、平井呈一の訳による《吸血鬼ドラキュラ》だ。平井呈一は 1902 年生まれの翻訳家で、ドラキュラをはじめとする海外の怪奇小説を翻訳して国内に紹介した、日本の吸血鬼文化の立役者である。

　この訳文は 1956 年に訳されたものなので、文体には少々古めかしい部分があるのだが、平井の翻訳の技術によって非常に読みやすく仕上がっており、現代人のセンスで読んでも古くささを感じさせない。むしろ 19 世紀のヴィクトリア朝イギリスの雰囲気を感じられる、よいスパイスになっている。

　平井訳に唯一欠点をあげるとすれば、平井訳は日本人が違和感なく読み進めることを重視しているため、原文の意味を変更したり、省略している部分があることだ。「ブラム・ストーカーの『ドラキュラ』そのままを日本語で楽しみたいんだ！」という欲張りな方には、原典を忠実に全訳した、水声社の《ドラキュラ　完訳詳注版》（税別 4000 円）がある。やや値段が張るので、まずは平井訳で本作に触れ、より本作のことを知りたくなったら水声社版に手を伸ばすことをお勧めしたい。

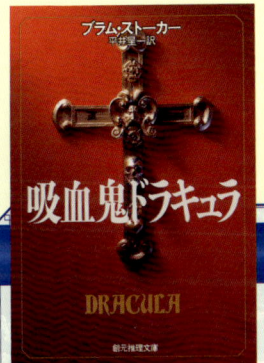

Book Data

吸血鬼ドラキュラ

出版：創元社（創元推理文庫）
著：ブラム・ストーカー
訳：平井呈一
価格：860 円（税別）

文学・映像の吸血鬼

パパの娘じゃなければよかった
マーヤ・ザレシュカ

出典：映画『女ドラキュラ』　出身地：不明　性別：女性

血に抗うドラキュラの娘

　吸血鬼ドラキュラ伯爵には娘がいた！　衝撃の設定で『ドラキュラ』ファンをおどろかせた女吸血鬼"マーヤ・ザレシュカ"は、1936年のアメリカ映画『女ドラキュラ』で創作された、映画オリジナルのキャラクターだ。

　女優、グローリア・ホールデンが演じるマーヤは、いかにも上流階級といった雰囲気を持つ黒髪の女性である。左手の薬指に、緑色の大きな宝石がついた指輪をはめており、この指輪で相手を意のままにあやつることができる。こうして相手の自由意志を奪い、首筋から血を吸うのである。

グローリア・ホールデンが演じるマーヤ・ザレシュカ。

血の欲望への抵抗

　ロンドンの女性を欲望のままに吸い散らかしたドラキュラ伯爵の娘とは思えないほど、マーヤ・ザレシュカは「人間らしい」倫理観の持ち主だ。彼女は、人間の血液を求める自分の本能を嫌っており、普通の人間になりたいと願っているのだ。

　あるとき父であるドラキュラが完全に滅びれば、自分は人間になれると考えたマーヤは、胸に杭を打たれたドラキュラの体を見つけ、これを火葬して灰にする。しかし、ドラキュラが滅んでも彼女は吸血鬼のままだった。次にマーヤは、医学によって吸血鬼の本能を克服しようと考え、精神科医のガース医師を頼るが、治療は失敗。彼女は本能で行った吸血行為のせいで、警察に追われる身となってしまった。

　人間になるという夢が潰えたマーヤは、本能への抵抗をあきらめ、欲望に屈してしまった。彼女は自分を治療してくれたガース医師に恋心を抱くと、彼を永遠の伴侶とするため、ガース医師の恋人をさらって、彼をドラキュラ城へおびきよせたのだ。しかし、ガースに嫉妬したマーヤの従者によって、マーヤは矢で心臓を貫かれ、永遠の命を終えることになる。怪物の本能と女性の本能に振り回されたマーヤの人生は、嫉妬という人間の本能によって終わりを告げたのだ。

> ねえ、この映画の原作は、ブラム・ストーカーの小説『ドラキュラの客』だと書いてあったけど、小説とは人名も内容もまるで違うのだわ。ほんとに原作？　クラウス、事実を調べていらっしゃい。

44

illustrated by 宮瀬まひろ

文字・映像の吸血鬼

200年たっても美人でしょ?
サラ伯爵夫人

出典:『サラの墓』(著:F・G・ローリング／1900年イギリス?)
出身地:ハガーストーン(イギリス) 性別:女性

狼をあやつる吸血鬼伯爵夫人

1900年、イギリスの文芸雑誌『パル・メル』に、吸血鬼を題材にしたひとつの短編『サラの墓』が掲載された。イギリスのハガーストーンという地方で、長い眠りから覚めたサラという女性が周囲を恐怖におとしいれる物語だ。

サラは、赤い目と長い犬歯を持つ女性吸血鬼である。服装は正装だが首に綱が巻き付けられており、狼たちをあやつる特殊能力を備えている。その正体は、物語の時代から200年ほど前に亡くなった、伯爵家の夫人である。彼女は生前から残忍な性格であったらしく、飼っていた大きな狼に幼児や小動物を襲わせては館に持ち帰らせ、みずから血をすすっていた。しかしあるとき、子供を殺されたことに怒り狂った村人に絞め殺され、教会に埋葬されたという。

黒い大理石で作られたサラの墓には、残忍な表情で長いすに腰掛けたサラが、狼の首綱をにぎり、村人の死刑を執行させているというおぞましい彫刻が、魔術めいた文章とともに刻み込まれていた。

吸血鬼サラの復活と滅び

『サラの墓』の物語は、主人公ハリーの手記という形で進む。教会の修理や装飾をする会社の社長であるハリーは、旧友の牧師の頼みで、教会を拡張修理することになった。だがそれにあたり、ひとつの"大きな墓"を動かさなければならなかった。これが、おぞましい彫刻が描かれたサラの墓だったのである。

サラの棺を開けたところ、彼女の遺体は200年も前のものであるはずなのに、異様に生々しい姿で現存していた。そして首には絞殺されたときに使われたものなのか、綱が巻きついていたのである。サラは墓を開けられたその日から、夕暮れになると墓から抜け出し、濃い霧のなかで狼に変身して家畜を襲うようになってしまった。

東欧の吸血鬼伝承にくわしいハリーは、村で起きた度重なる事件を耳にして、サラが吸血鬼であることに気がついた。そして、まだサラが復活したばかりで不完全な状態だと悟ると、旧友の牧師とともにサラと対決する。サラの能力によって牧師があやつられそうになってしまう場面もあったが、最後はハリーがサラの心臓に杭を打ち込み、恐ろしい女吸血鬼を滅ぼしたのである。

『サラの墓』って、日本ではほとんど知られてないけど、欧米じゃ吸血鬼モノのお約束をしっかり押さえた名作って評価されてるよ。だから吸血鬼作品をまとめた物語集を作るとき、よくこの話が収録されるんだ。

illustrated by 毛玉伍長

幕府への恨みは血で返す！
不知火検校
出典：『髑髏検校』／著：横溝正史／1939年日本／出身地：長崎沖、不知火島／性別：男性

江戸時代にあらわれた「和風ドラキュラ」

　吸血鬼はヨーロッパの怪物だが、外国文化をどん欲に吸収してきた日本にも、オリジナルの吸血鬼が多数存在する。金田一耕助シリーズでおなじみの文豪、横溝正史が昭和14年に生み出した「不知火検校」は、そのなかでも古いキャラクターだ。ただし不知火検校は、横溝正史の完全なオリジナルではない。不知火検校の登場する小説『髑髏検校』は、あの『ドラキュラ』を日本風に味付けし直した作品なのだ。

　そのため、不知火検校の特徴はドラキュラ伯爵によく似ている。秘術で復活させた美女（松虫と鈴虫）をはべらせたり、屋敷のまわりを狼に守らせていること。コウモリや狼に変身する能力を持っていること。ニンニクを嫌うこと。もっぱら夜間に活動し、昼間は棺桶（和風のものだが）に入っていること……どれもがドラキュラと同じなのだ。

　物語展開も同様で、ふたりのヒロインの片方が夢遊病になること、頭のおかしい男を手下に使うこと、吸血鬼をよく知る蘭学者（ヘルシング教授の日本版）があらわれることなど、すべてが"和風ドラキュラ"と言えるような構成になっている。

　不知火検校とドラキュラの目立った違いは、不知火検校は女性の"うなじ"から血を吸うことや、検校の近くによく人魂があらわれること、棺桶の中で休んでいるときの肉体が、死体ではなく骸骨の姿をしていることくらいである。

単なる模倣をはるかに越えた『髑髏検校』

　何から何まで『ドラキュラ』そっくりの『髑髏検校』だが、この作品は単なる盗作や模倣品というわけではない。作者の横溝正史は、ドラキュラという骨組みにたくみな肉付けを行い、この作品を非常に魅力的なものに仕上げている。

　この物語の舞台は、徳川幕府が日本を統治していた江戸時代後期の日本。ヒロインふたりの片方は、徳川将軍家のお姫様である。そして不知火検校の正体は、かつて徳川家に反乱を起こして殺された若きキリスト教徒、天草四郎時貞なのだ。天草四郎は幕府への復讐のために江戸の街を襲い、姫を手にかけていく。

　横溝正史は、『ドラキュラ』の物語の骨格や、人物の特徴をそのまま生かしつつも、吸血鬼の設定に独自のアレンジを加えることで、物語を"怪奇物語"から"陰惨な復讐劇"に作り替えることに成功しているのだ。

> 1982年、『古畑任三郎』で有名な俳優、田村正和主演のドラマ『髑髏検校』が放映されました。残念ながら販売はされていませんが、「時代劇専門チャンネル」などで時折放映されています。お見逃しになりませんよう。

illustrated by こぞう

文学・映像の吸血鬼

ヴァンパイアのソウルを聴けッ!
レスタト・ド・リオンクール

出典:『夜明けのヴァンパイア』（著:アン・ライス／1979年アメリカ）
出身地:オーヴェルニュ地方（フランス）　性別:男性

ロックスターになった吸血鬼

　吸血鬼映画が世界中に広まり、多くの人がドラキュラ伯爵のような「ありがちな吸血鬼」を知った20世紀後半、アメリカ国民が夢中になったスターがいた。アメリカの作家アン・ライスの小説『夜明けのヴァンパイア』の登場人物、吸血鬼レスタト・ド・リオンクール。彼は欲望と好奇心のままに生き、吸血鬼でありながらロックミュージシャンとして大成功をおさめる。その生きざまに多くのファンが魅了され、小説を飛び出して現実世界にファンクラブができるほどの人気キャラクターとなった。

　レスタトは18世紀のフランスに生まれ、俳優として成功したが、22歳のときに吸血鬼に変えられた。その外見は、肩に届かない程度の金髪に、白い肌と灰紫色の瞳、短く細めの鼻、大きめで形のいい唇を持つ美青年である。仲間の吸血鬼からも一目置かれていて、「ブラッド・プリンス」という異名を持つ。彼は1929年から長い眠りについていたが、ロックの音楽に共鳴して1984年に覚醒し、「ヴァンパイア・レスタト」というロックバンドを結成。ヴォーカルとして社会の表舞台を歩いているのだ。

　レスタトは人間という存在を愛し、悪人からしか血を吸わないという誓いを立てている。また、彼は自分の手で吸血鬼にしたルイという青年に依存めいた愛情を持っているが、ルイのほうは限りなく人間に近い心を持った吸血鬼であり、自分が吸血鬼という異常な存在になったことに思い悩んでいる（あらすじはp141参照）。

『夜明けのヴァンパイア』の吸血鬼の特徴

　『夜明けのヴァンパイア』では、この世界の吸血鬼の特徴や弱点がとてもくわしく解説されている。まず、身体能力に優れ、暗闇を見通す力があるのは従来の吸血鬼と同様だが、飛行や念動力などの超常的な能力は、強力な吸血鬼から血をもらうか、数百年の年月を重ねた者だけが使いこなせるのだ。

　吸血鬼の弱点は炎や日光である。また、伝承と同じくカメラなどに写らないが、これは肌が白すぎて光を反射してしまうのが原因だ。そのためこの世界の吸血鬼は、写真に写りたい場合、化粧品を肌に塗るという方法を使う。

　主食は人間の血液だが、ネズミや犬の血でも栄養的には問題ない。ただし生き血であることが必須で、輸血パックなどの血を吸ってもほとんど意味がないという。

　『夜明けのヴァンパイア』の世界では、4000年前のエジプトの女王様が最初のヴァンパイアとして、すべてのヴァンパイアの先祖になったんだって。ずいぶん長生きだなあ。マリーカとどっちが年上なんだろ？

illustrated by 緋月アキラ

吸血鬼界のスーパーヒーロー！
サン・ジェルマン伯爵

出典：『ホテル・トランシルヴァニア』（著・チェルシー・クイン・ヤーブロ／1978年アメリカ）
出身地：不明　性別：男性

美女を助ける吸血ヒーロー

　吸血鬼サン・ジェルマン伯爵は、アメリカの作家チェルシー・クイン・ヤーブロの小説『ホテル・トランシルヴァニア』の主人公である。それまでの吸血鬼小説における吸血鬼とは、人間を餌食にする怪物か、吸血鬼となった自分の運命に苦悩する悲劇の主人公のどちらかが大半であったが、サン・ジェルマン伯爵はそのどちらでもない。

　物語でのサン・ジェルマンは、人間の味方、ヒーローと呼ぶべき存在だ。ハンサムで性的魅力にあふれ、学識深く、錬金術の知識も有している。その外見と話術と知性は、多くの美女たちを虜にしてしまう。

　サン・ジェルマンは不老不死の力を持つ強大な吸血鬼だが、人間の血を吸って殺すような無粋な真似はしない。彼は美しい女性から少しばかり血液をいただくかわりに、魔法のように不思議な能力を使ってロマンティックなお返しをする。また、ドラキュラ伯爵も手を焼かされた吸血鬼の弱点「地元の土の上で寝なければいけない」ことを解決するために、靴のカカトに地元の土を入れておくという、実にスマートな解決策を編み出している。伯爵はこの「地元の土」の効果で、昼間でも何くわぬ顔で街を歩き回ることができるのだ。

　『ホテル・トランシルヴァニア』の物語は今から約250年前、1743年のパリで始まる。フランス革命の約50年前、フランス王国が最後の輝きを放っていた時期である。サン・ジェルマンはパリにはびこる悪魔崇拝者の組織と敵対し、冒険活劇のヒーローさながらの活躍で彼らを打ち倒すことになる。

　アメリカで人気を博した本作は、1983年に続編『サン・ジェルマン年代記』が刊行され、サン・ジェルマン伯爵を主人公とした5つの短編作品が収録されている。

サン・ジェルマンは実在した

　このサン・ジェルマン伯爵がこれまで紹介してきた吸血鬼と違うのは、作中での生き様だけではない。実はこのサン・ジェルマン伯爵は、架空のキャラクターではなく、歴史上に実在した人物なのである。彼は生前に「吸血鬼だ」と噂されたことはなかったが、今なお謎の多い、相当に「うさんくさい人物」であった。

　サン・ジェルマン伯爵が歴史の表舞台で活躍したのは、作品の舞台と同じ18世紀のヨーロッパである。黒い瞳と黒髪を持つ年齢不詳の男性で、いかにもさえない小男といった雰囲気なのだが、宮廷に出てもおかしくない立派な服を身につけ、育ちのよさそうな立ち居振る舞いをしていた。さらに、医学、音楽、美術に錬金術といった幅

illustrated by 祀花よう子

広い知識と、たくみな話術、そして英語やフランス語、アラビア語に中国語など10ヶ国の言葉をあやつる言語能力を身につけていて、フランス国王ルイ15世のお気に入りとしてヨーロッパの宮廷を闊歩していたという。

このサン・ジェルマンという人物、生まれや育ちなど、本人の経歴がまったく知られていない。そもそもサン・ジェルマンという名前自体を、当の本人が堂々と「偽名だ」と言っているくらいで、その正体がまったくつかめないのだ。サン・ジェルマンがおもに活躍したフランスの宮廷では、"東欧の国ハンガリーの出身"だとか"スペインの皇后が愛人とのあいだに作った隠し子だ"といった噂がささやかれた。

フランスのルーブル美術館にあるサン・ジェルマン伯爵の肖像画。

なぜサン・ジェルマンのような怪しげな人物が、過去を隠してヨーロッパの宮廷で活動していたのだろうか？ もっとも有名な推論は、サン・ジェルマンはドイツのスパイで、フランスの動向を探るためにおもにフランスの宮廷で活動していたというものだ。だが逆にフランスのスパイだとする説や、二重スパイだったという説もあり、真相はまったく不明である。

不老不死だった!? サン・ジェルマン

経歴だけ見ても謎の多いサン・ジェルマンだが、彼にまつわる不思議な逸話は、こんなものでは終わらない。なんとサン・ジェルマンには「数千年の時を生きる不老不死の存在」だという伝説があり、彼の存命中も、上流階級の人々にそう信じられていたのだ。サン・ジェルマンが活躍した時代は、東欧の大国神聖ローマ帝国で吸血鬼の出現が公文書で報告され（→p68）、それが西洋の宮廷でも話題になっていた時期だった。もしサン・ジェルマンが吸血鬼伝承の本場であるバルカン半島で活動していたら、吸血鬼扱いされたことは間違いないだろう。

サン・ジェルマン自身が語ったところによれば、彼は「不老不死の霊薬」を飲んだため、いつまでも若々しく、死のうとしても死ねないのだという。彼は食事を取る必要もないと自称し、事実、人前で食事を取ったところは目撃されていない。

不老不死のほかにも、彼には「ダイヤモンドを作ることができる」「宝石についた傷を取り除いた」などの神秘的な逸話がいくつもある。こうした伝説のなかには、サン・ジェルマンと政治的に敵対していた勢力が、彼を失脚させるために流した「作り話」も多いのだが、サン・ジェルマン本人は、それを肯定も否定もせずに放置したので、かえってサン・ジェルマンの伝説の説得力を高める結果になってしまった。

> サン・ジェルマンは1784年に死んだはずだけど、そのあともあちこちで目撃談があると聞いたのだわ。ただの怪しい人間だと思わせておいて、案外本当に吸血鬼なのかもしれないわね。クラウス、本当はどっちなの？

絶対読みたい！吸血鬼物語②
『書物の王国12 吸血鬼』『怪奇幻想の文学 真紅の法悦』

> いくらお話が面白くても、長い物語を読むのは大変なのだわ。もっと短い話ならたくさん読めるでしょうけど……あら、この2冊がおすすめなのね？

吸血鬼物語の原型を知る

　小説『ドラキュラ』の登場で世界に知られるようになった吸血鬼文学は、その100年以上前から西ヨーロッパに息づいていた。『書物の王国12 吸血鬼』『怪奇幻想の文学 真紅の法悦』は、どちらもこれらの「吸血鬼物語の原型」と呼ぶべき作品群を多数収録している、吸血鬼文学のアンソロジーである。

　古い文学作品と聞くと身構えてしまう人がいるかもしれないが、実は本書に収録されている作品は、短いものなら2〜4ページ程度と非常にコンパクトにまとめられた**短編作品**が多く、分厚い小説が苦手な人でも気軽に楽しむことができる。そのため吸血鬼文学の入門用として非常に適した書籍といえるだろう。

　『書物の王国12 吸血鬼』は、本書でも紹介しているルスヴン卿（➡p18）、コリントの花嫁（➡p34）、クラリモンド（➡p28）の登場する物語など15の古典作品と、1950年以降に執筆された現代日本人小説家の吸血鬼短編9編が収録されている。古典から現代への吸血鬼文学の移り変わりを知る意味でも必読の一冊である。

　『怪奇幻想の文学 真紅の法悦』は、1作20〜30ページ程度と前者よりもボリュームのある短編9作を収録。なかでも初期吸血鬼文学のなかで屈指の名作『吸血鬼カーミラ』が収録されているのが最大の魅力だ。主人公の少女ローラを妖しく誘惑するカーミラの魅力は、ぜひとも原典で楽しみたいところ。

　難点は、『書物の王国12 吸血鬼』は1998年、『怪奇幻想の文学 真紅の法悦』は1979年の出版であり、新品の入手が困難なこと。どちらも全国の公共図書館によく収蔵されているので、図書館で借りて読むのが現実的だろう。

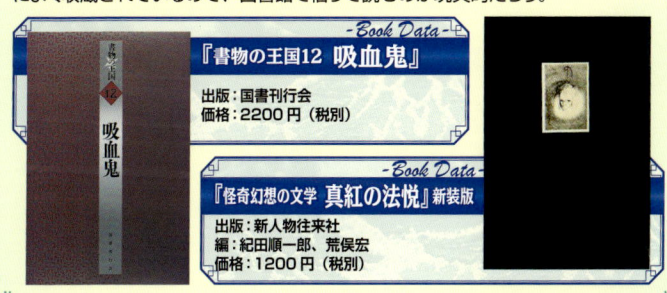

―Book Data―
『書物の王国12 吸血鬼』
出版：国書刊行会
価格：2200円（税別）

―Book Data―
『怪奇幻想の文学 真紅の法悦』新装版
出版：新人物往来社
編：紀田順一郎、荒俣宏
価格：1200円（税別）

文学・映像の吸血鬼

吸血鬼の原典を読もう！

ここまでのページで紹介してもらった吸血鬼は、みな小説や映画のような作品で活躍しているのだそうですよ。どの本に載っているどの作品を見れば吸血鬼の活躍を見ることができるのか、まとめてみました！

●ドラキュラ (p36)

原典名：『ドラキュラ』（文学）
収録：『吸血鬼ドラキュラ』ブラム・ストーカー 著／平井呈一 訳（創元推理文庫）
860円（税別）

ほかにも邦訳書籍、関連映画など多数。また、菊地秀行が翻案した『吸血鬼ドラキュラ』（講談社文庫）などもある。

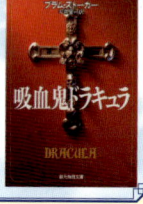

●カーミラ (p20)

原典名：『吸血鬼カーミラ』（文学）
収録：『吸血鬼カーミラ』レ・ファニュ 著／平井呈一 訳（創元推理文庫）
800円（税別）

『怪奇幻想の文学 1』（新人物往来社）、『女吸血鬼カーミラ』（フォア文庫）などにも収録。

●ルスヴン卿 (p18)

原典名：『吸血鬼』（文学）
収録：『書物の王国 12 吸血鬼』（国書刊行会）
2200円（税別）

55ページのコラムで収録書籍を紹介。『怪奇幻想の文学 1』、『ドラキュラドラキュラ 吸血鬼小説集』（河出書房新社）などにも収録。

●アツォ・フォン・クラトカ (p24)

原典名：『謎の男』（文学）
収録：『ドラキュラのライヴァルたち』（ハヤカワ文庫）
320円
品切中

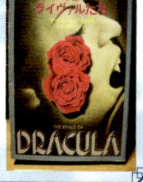

58ページにて収録書籍を紹介。

●クラリモンド (p28)

原典名：『死女の恋』『クラリモンド』など（文学）
収録：『怪奇小説傑作集 4 フランス編』（創元推理文庫）
訳：青柳瑞穂、澁澤龍彦
1000円（税別）

『書物の王国 12 吸血鬼』、『吸血女の恋 フランス幻想小説』（現代教養文庫）などにも収録。

●ベルタ・クルテル (p30)

原典名：『骸骨伯爵 あるいは女吸血鬼』（文学）
収録：『ヴァンパイア・コレクション』（角川文庫）
1000円（税別）

58ページにて収録書籍を紹介。

●フランシス・ヴァーニー (p32)

原典名:『吸血鬼ヴァーニー』(文学)
収録:『ヴァンパイア・コレクション』(角川文庫)
1000円(税別)

一部のみ収録。完訳本は日本未発売。若干ながら『吸血鬼の事典』(青土社)に解説あり。

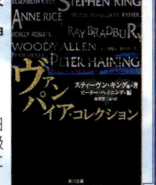

●コリントの花嫁 (p34)

原典名:『コリントの花嫁』(文学)
収録:『書物の王国 12 吸血鬼』(国書刊行会)
2200円(税別)

55ページにて収録書籍を紹介。『ゲーテ全集』(人文書院)などにも収録。

●オルロック伯爵 (p40)

原典名:『吸血鬼ノスフェラトゥ』(映像)
収録:『吸血鬼ノスフェラトゥ』(IVC)
1944円(税別)

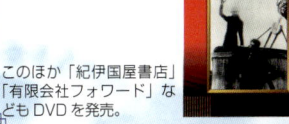

このほか「紀伊国屋書店」「有限会社フォワード」などもDVDを発売。

●マーヤ・ザレシュカ (p44)

原典名:『女ドラキュラ』(映像)
収録:『魔人ドラキュラレガシーBOX「女ドラキュラ」』(ユニバーサル・ピクチャーズ・ジャパン)
4700円(税別)

『女ドラキュラ』単体は、日本未発売。

●サラ伯爵夫人 (p46)

原典名:『サラの墓』(文学)
収録:『怪奇幻想の文学I 真紅の法悦』(新人物往来社)
1200円

55ページにて収録書籍を紹介。

●不知火検校 (p48)

原典名:『髑髏検校』(文学)
収録:『髑髏検校』(角川文庫)
781円(税別)

同じく伝奇活劇である「神変稲妻車」を同時収録。

●レスタト (p50)

原典名:『夜明けのヴァンパイア』(文学)
収録:『夜明けのヴァンパイア』(ハヤカワ文庫NV)
840円(税別)
品切中

141ページにて原典を紹介。なお、外伝も含め19作品中、8作品が日本語訳されている。

> なお、26ページのブルンヒルダ様、52ページのサン・ジェルマン伯爵の物語は、日本語に翻訳されておりません。
> おふた方の勇姿を日本の皆さんにお伝えできないのは残念ですね。

絶対読みたい！吸血鬼物語③
『吸血鬼伝説』『ドラキュラのライヴァルたち』

> ドラキュラ伯爵は、吸血鬼の偉大さと恐ろしさを知らしめた功労者です。伯爵の暗躍を見て、人間界では伯爵を真似た物語が数多く作られました。その一部を皆様にも読んでいただきましょう。

『ドラキュラ』以降の吸血鬼傑作選

　このページで紹介するのは、55ページで紹介した『書物の王国12 吸血鬼』と同じく、欧米の短編吸血鬼小説を多数収録したアンソロジー的書籍である。『書物の王国12 吸血鬼』との違いは、このページで紹介する2冊は、どちらも吸血鬼小説の金字塔『ドラキュラ』の出版後に、その影響を受けて書かれた作品を多数収録していることだ。つまりこの2冊は、小説『ドラキュラ』の弟分にあたる作品の集まりなのである。

　《吸血鬼伝説》は、小説『ドラキュラ』百周年を記念して編集された作品集だ。1923年～54年にアメリカで人気を集めた大衆向けホラー小説雑誌「ウィアード・テイルズ」の短編を中心に、15本の物語が掲載されている。王道のホラーはもちろん、吸血鬼文化をブラックユーモアで彩ったもの、SF的に吸血鬼を描いたものなど内容も多彩で飽きさせない。ストーカーが形作ることになった、吸血鬼小説の「スタンダード」に挑戦する名作家たちの奮闘の成果を楽しむことができる。

　《ドラキュラのライヴァルたち》は、1977年にアメリカで編集された吸血鬼作品集の全訳で、《吸血鬼伝説》と同様に『ドラキュラ』後の短編吸血鬼小説が中心だが、唯一の例外として1823年に書かれた作者不詳の作品『謎の男』が掲載されている。これは『ドラキュラ』に影響を与えた作品のひとつとされる古典吸血鬼小説で、アツォ・フォン・クラトカ（➡p24）の登場する作品でもある。

　同コンセプトの書籍として、角川文庫《ヴァンパイア・コレクション》などもあるが、残念なことにどれも絶版であり、書店で入手するのは非常に難しい。古書店や図書館なども活用して、吸血鬼文学の中興の名作を楽しんでほしい。

- Book Data -
《吸血鬼伝説　ドラキュラの末裔たち》
出版：原書房
編：仁賀克雄
価格：1845円（税別）

- Book Data -
《ドラキュラのライヴァルたち》
出版：早川書房（ハヤカワ文庫）
編：マイケル・パリー
訳：小倉多加志　　　　品切中

実在した吸血鬼
Historical Vampires

　ヨーロッパでは、実在した人物が、生前の行いや死後の異変などのせいで「実は吸血鬼だったのではないか？」と疑われてしまうことがありました。この章で紹介するのは、人間として実際の歴史を生きながら、生前または死後に吸血鬼扱いされてしまった不幸な人間たちです。

illustrated by 皐月メイ

エリザベート・バートリー

試してびっくり！ 血まみれ美容法
エリザベート・バートリー
生没年：1560〜1614（満54歳没）　出身地：ハンガリー　性別：女性

実在した吸血鬼

美容のために血を求めた伯爵夫人

　吸血鬼は空想上の存在だが、ヨーロッパでは、血液に関する異常な行動をとった実在する殺人者のことを"Historical Vampires"（歴史上の吸血鬼）と呼ぶことがある。歴史上数多く存在した死体愛好家、血液嗜好症者、大量殺人鬼などがいるなかで、もっとも多くの人を殺し、もっとも広く恐れられたのは、東欧の国で大貴族の当主として権力をふるった女性だった。彼女の名前はエリザベート・バートリー。人呼んで「血の伯爵夫人」である。

　エリザベートが吸血鬼と呼ばれるようになった理由は、美を追い求め、老化を防ごうとする女性の本能に根ざしている。彼女は処女の血液を「美容と若返りの効果がある化粧品」と考えていて、年端もいかない少女を殺しては、生き血をその肌に塗りたくっていたのだ。まさに「事実は小説より奇なり」。美女の生き血を飲んで若返るドラキュラ伯爵も真っ青の"吸血鬼"ぶりだった。

エリザベートの肖像画（作者、時期不明）

　エリザベートは、現在の東欧の国ルーマニアの一部であり、のちにドラキュラ伝説で有名になる「トランシルヴァニア公国」の大貴族バートリー家に生まれ、隣国ハンガリーの伯爵家に嫁いだ女性だ。結婚相手よりもバートリー家のほうが家の格が高かったので、彼女は結婚後も姓を変えず、バートリーの姓を名乗り続けた。

吸血鬼エリザベートの生涯

　エリザベートが生きていた16〜17世紀の東欧では、トルコを本拠地とするイスラム教国家「オスマン帝国」と、キリスト教を信じる諸国家の戦争が続いていて、キリスト教徒の国の一員であるエリザベートの夫はいつも城を留守にしていた。わがままでサディストなエリザベートは城の中で独裁者、暴君として振る舞い、夫の母がなんとかエリザベートを抑えている状況だった。

　1604年、エリザベートが44歳のときに夫が亡くなると、彼女は目ざわりな義母を毒殺、名実ともに城の支配者となった。そして領地から次々と少女をさらい、欲望のままに虐殺しはじめたのだ。6年後の1610年に事件が発覚するまでのあいだに、エリザベートに殺された少女の人数は2ケタを軽く超えていた。裁判によって正式に

60

認定された殺害人数は80人だが、おそらく300人以上が殺されたとされており、エリザベート本人の告白によれば、なんと600人を超えるという。

これほど多くの人を殺したエリザベートだったが、「一族の体面を保つため」という理由で、死刑になることはなかった。彼女は、窓も扉も塗り固められた部屋に幽閉され、3年半後に死亡した。彼女が幽閉された城の屋上には、エリザベートが死刑に処せられるべきであることを示すために、4つの絞首台が建てられていたという。

エリザベートはどう「吸血鬼」だったのか?

すでに述べたように、エリザベートが血液を求めたのは、美容のためだ。伝説によると、エリザベートが侍女を殴り、手に付いた返り血を拭き取ると、自分の肌が若返ったように見えた。これに味をしめた彼女は、女性の血を求めるようになったのだ。

彼女が行ったという"吸血鬼"行為は、以下のとおり残忍きわまるものだ。
- 体中に穴をあけたり、遺体を細切れにして血をしぼり取る
- 少女たちから集めた血液をバスタブにため、血液風呂にして入浴
- 内側に鋭いトゲのついた檻を作り、中に少女を入れてバスタブの上につるす。トゲに刺された少女から血がしたたり「血のシャワー」になる
- 目の前で少女の動脈を切らせ、吹き出す血をそのまま浴びる。少女が騒ぐとうるさいので、あらかじめ口を糸で縫い付けておく

こういった血液まみれの生活が、エリザベートの美容と健康にどう影響したのかはわからない。だが事件後、太陽の光も入らず、入浴も排便の世話さえもない劣悪な環境で、50代のエリザベートが3年半も生き続けたことはたしかである。

エリザベートと鉄の処女(アイアンメイデン)

エリザベートは、少女たちの生き血をしぼり取るために、使用人たちに命じてさまざまな拷問器具を開発させたという伝説がある。なかでも有名なのが、鋼鉄製の筒のなかに内向きのトゲが生えていて、扉を閉めることで中の人間を貫く「鉄の処女」という器具だ(右写真)。エリザベートのオリジナルには、しぼり取った新鮮な血液をバスタブに流し込む仕組みがついていたとも言われている。

ただし鉄の処女とエリザベートの関係は、19世紀ごろから突然語られるようになったもので、事実ではない可能性が高い。逆にいえばこのような伝説が生まれるくらい、エリザベートの凶行がヨーロッパで有名だったという証明でもある。

鉄の処女のレプリカ(明治大学博物館蔵)

> 近年の創作作品で、吸血鬼のキャラクターに「バートリー」という名前がつけられるのは、彼女の名前が由来です。バートリー女史の虐殺行為が、人々の脳裏に深く焼き付けられた結果といえるでしょう。

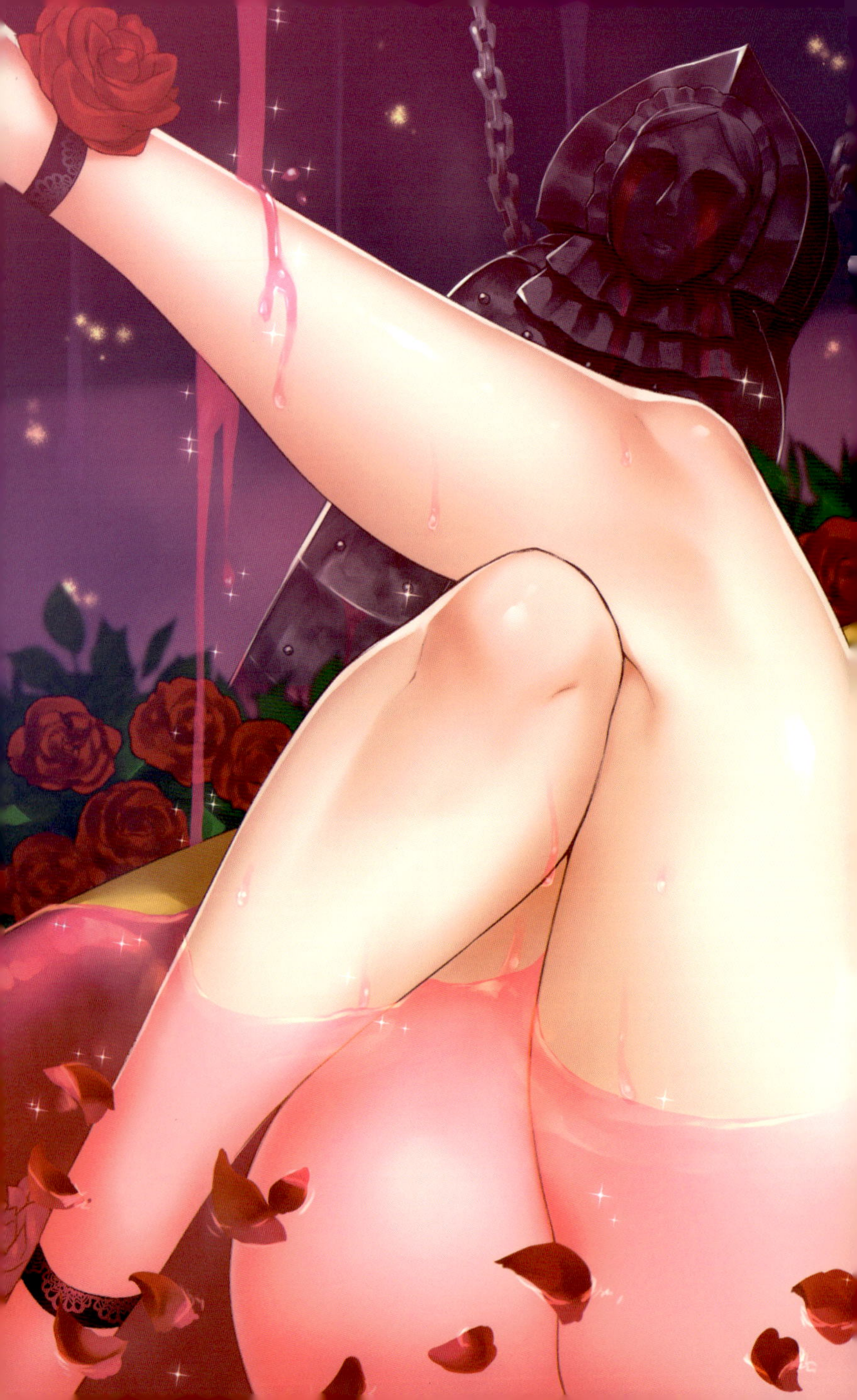

illustrated by 稲山

絶望は血でも癒せない
ジル・ド・レイ

生没年：1404〜1440（満36歳没）　出身地：ブルターニュ地方（フランス）　性別：男性

救国の英雄から血染めの背教者へ

神の啓示を受けて軍を導き、祖国を解放したフランスの英雄、聖処女ジャンヌ・ダルク。清らかな彼女を崇拝した男は多かったが、そのなかに、のちに吸血鬼と呼ばれる騎士がいた。その名前はジル・ド・レイ。かつては救国の英雄と呼ばれた人物だ。

ジル・ド・レイはフランスの大貴族で、24歳にして軍隊の最高位「元帥」にまで上り詰めた優秀な軍人だった。背が高くてハンサム、信仰心が厚く、武術にも優れた、騎士の鏡のような好人物。ジルはイギリス軍がフランスに攻め込んだ"百年戦争"でジャンヌ・ダルクに協力して戦争を終わらせたことで、のちに"救国の英雄"と呼ばれる。だがフランス王家に見捨てられたジャンヌが、イギリスに処刑されてから、ジルの行動には狂気の臭いがただよいはじめていた。

ジャンヌを失い、戦場を失ったジルは、領地に帰ると錬金術や黒魔術に湯水のように金をつぎ込みはじめる。そして領地から気に入った美少年を誘拐させて性交し、血を吸ったり惨殺するなどの凶行を重ねていったのだ。さらに領地を巡って争いになった聖職者を拉致し、自分の城に監禁してしまった。

これらの悪事が発覚すると、ジルは厳しい拷問と裁判にかけられた。罪を認めたジルは絞首刑になり、その目を覆うような悪事から「悪魔」と呼ばれるようになった。その後、吸血鬼という怪物が東欧にいることが知られるようになると、民衆はかつての英雄であるジルを「吸血鬼」と呼ぶようになったのだ。

悪名が過ぎて誤解を生む

フランスの詩人シャルル・ペローの童話『青ひげ』は、青い髭の金持ちと結婚した女性が、屋敷の中で前妻の遺体を見つけ、夫に命を狙われるという、恐ろしい内容で有名な作品だ。この話の悪役である"青ひげ"は、作品発表当時、ジル・ド・レイをモデルにしていると読者に信じられていた。ジルにとってはとんだ濡れ衣だが、皆がそう連想するほど、吸血鬼ジル・ド・レイの知名度は高かったのだ。

> ジル・ド・レイさんが精神を病んでしまったのは、敬愛するジャンヌ様が、味方の裏切りで殺されたことに絶望したためという説があります。神に仕える者として、宗教が彼の心を癒さなかったことは残念です。

実在した吸血鬼

ジル・ド・レイの肖像画。19世紀フランスの画家エロイ・フィルミン・フェロン画。

illustrated by 久彦

政府公認！ 帝国印の吸血鬼
ペーター・プロゴヨヴィッチ

生没年：??? ～ 1725（年齢不明）　出身地：ラーム郡キシロファ村（セルビア）　性別：男性

実在した吸血鬼

公式文書で記録された吸血鬼

　吸血鬼とは、東欧の民間伝承が生んだ架空の怪物であり、現実世界には存在しない。ところが18世紀、ヨーロッパ屈指の大国である「神聖ローマ帝国」が、公式な文書で吸血鬼の存在を認めた事件がふたつ起こっている。そのひとつが、ペーター・プロゴヨヴィッチという平凡な農夫にまつわる事件である。彼が吸血鬼になったとされるのは、西暦1725年。電気の存在が証明されたり、50年後にフランスで市民革命が起きるなど、西欧の一般民衆が科学や人権に触れて近代化を始めた時期のことだ。

　村人たちの説明によれば、ペーターはバルカン半島の西側にあるセルビアという地方で農夫として生活していたが、2ヶ月ほど前に死亡して埋葬されていた。埋葬後すぐに吸血鬼となったペーターは、夜に家屋に侵入し、一週間のうちに9人の村人を襲った。襲われた村人たちは、ペーターに首を絞められたことを証言すると、24時間以内に死亡したという。そのなかにはペーターの息子も含まれていた。

　村人を次々と殺していく吸血鬼ペーターに、村人たちが黙っているはずもない。彼らは国が派遣した役人を強引に説得すると、ペーターの墓をあばき、吸血鬼であることを確認してから遺体を破壊したのである。

「吸血鬼」の外見はどうなっていたか？

　報告書によれば、墓をあばいたときのペーターの遺体は、死後半月たっているのにまったく嫌な匂いがせず、目を開いたまま眠っている様に呼吸していた。鼻が生前より低いものの、髪の毛やひげは伸び、爪は生え替わり、血色が良く古い皮膚がはがれおちているなど生前より健康そうだった。そして口の周りが血で汚れていたという。

　村人たちがペーターの胸に木の杭を打ち込むと、両耳と口から大量の血が飛び散り、さらに「ほかの凶暴な兆候もあらわれた」という。報告を行ったのが聖職者だったため、「凶暴な兆候」が何かはくわしく描写されていないが、現代の研究によると、これは「遺体の陰部が勃起した」ことをあらわしているらしい。

　これらの特徴は、どれも現代の医学でなら説明可能な現象だが、当時の常識では説明できるものではなかった。この報告書はのちにヨーロッパ中を駆け巡り、ヨーロッパに吸血鬼ブームを巻き起こすきっかけになったという。

> ペーターのお嫁さん、吸血鬼になったペーターに「靴をくれ」と言われて、素直に渡したって記録があるけど……吸血鬼の要求に応えるのは吸血鬼退治のタブーだよ！　このお嫁さん、そのあとどうなっちゃったんだろ？

illustrated by ryuno

吸血鬼予防の特効薬は吸血鬼!?
アルノルト・パウル

生没年：??? 〜 1722（年齢不明）　出身地：メドヴェキア村（セルビア）　性別：男性

実在した吸血鬼

軍人と医師が目撃した吸血鬼

　セルビア人の傭兵アルノルト・パウルは、ペーター・プロゴヨヴィッチ（➡p66）と同じ、国家が認めた「実在する吸血鬼」である。パウルが"吸血鬼になった"のは、ペーターの3年前にあたる1722年ごろで、それから5年後の1727年、セルビアを支配していたオーストリア帝国への公式報告書が作られた。

　パウル事件の詳細を書いた『検葬報告』という報告書によれば、パウルが吸血鬼化して村人を殺しているという情報が入り、軍隊が調査を行った。パウル自身が語ったところによると、彼は戦場で吸血鬼に襲われたが「吸血鬼の墓の土を食べて血を飲むことで、吸血鬼の害から解放された」のだという。その後、不幸にも彼は荷車に押しつぶされて事故死した。だがそれから20〜30日ほどたったころ、なんと死んだはずのパウルに何人もの村人が襲われ、そのうち4人と複数の家畜が死亡してしまった。

　村人はパウルの吸血鬼化を疑い、彼の墓を開いてみた。すると、死後40日たつのにパウルの遺体には腐敗がなく、目、鼻、耳、口から鮮血が流れ出て、棺の中に血まみれになっていた。また、手足の皮膚や爪は、はがれ落ちて新しくなっていという。村人たちがパウルの心臓に杭を打ち込むと、パウルは苦しげなうめき声をあげ、全身から血を噴き出した……と、立ち会った村人は証言している。

その後のパウル事件

　亡骸に杭を打たれたパウルは火葬され、遺灰は川にまかれた。が、事件はこれでは終わらなかった。パウル事件から5年後、村を疫病が襲い17人の犠牲者が出たのだ。村は「これはパウル事件の後遺症だ」として国に調査を要請した。

　調査の報告書によれば、17人中12人の遺体が、死後1ヶ月半以上たっているのに腐敗がなく、皮膚は生き生きとして、爪が生え替わり、内臓も健康そのものという状態だった。また、それらの遺体のうち多くは、肺や胃袋の中に大量の血液がたまっていた。軍医たちはこれを「吸血鬼化した状態である」と断言している。

　3人の軍医に吸血鬼と認定された遺体は、現地のジプシーたちの手で首を切り落とされ、火葬のうえ遺灰は川に流された。こうして吸血鬼アルノルト・パウルの事件は終わり、詳細な報告書は欧州の知識人たちのあいだで注目の的になったのである。

> パウルさんは、吸血鬼に襲われた後「吸血鬼の墓の土を食べ、吸血鬼の血を飲んだ」そうです。なんでこんな汚らわしいことを！　……えっ、これが一般的な「吸血鬼化予防策」……？　ありえないですよぉ！

illustrated by こるぷっち

「吸血鬼冤罪」の不幸な犠牲者
クララ・ギースレーリン

生没年：???? ～ 1597　出身地：ドイツ　性別：女

悪魔と契約し、吸血鬼となった女性

　今から400年と少し前、ドイツでは恐るべき吸血鬼が裁判にかけられた。この吸血鬼は、クララ・ギースレーリンという名前の老女であった。裁判の記録によれば、クララは「3体の悪魔と契約したうえ、いくつもの墓を掘りかえして遺体の血を飲み、肉を食らった」という疑いで逮捕されたのだという。

　取り調べで明らかになった事実は恐るべきものだった。彼女は3体どころか、数え切れないほどの悪魔と性交し、生け贄として過去40年間で250人もの人間を殺害していたのだ。さらには悪魔の子供を17人産み、その子供たちはすべて、クララ自身がその肉を食べ、血を飲み干してしまった。彼女は手に入れた悪魔の力を使って、犬や猫、ミミズやノミ、ヒルなどに変身する能力を手に入れたという。

　「歴史上の吸血鬼」の筆頭格であるエリザベート・バートリー（→p60）には及ばないが、まさに悪魔の所業。もちろんクララは有罪となり、処刑されたという。

自白の真相

　クララ・ギースレーリンは本当に吸血鬼だったのか？　もちろん、そんなことはありえない。実は上で説明した「裁判」とは、多くの無実の人を虐殺したことで悪名高い「魔女裁判」のことだったのだ。

　裁判の記録をくわしく見ると、クララは当初、容疑について完全に否定していたのだが、過酷な拷問を受けるたびに"犯罪の事実"を"自白"させられた。拷問が終わるとクララはふたたび無実を主張するのだが、そうするとより厳しい拷問がクララの身を襲い、さらにひどい自白を強要されたのだ。

　このときクララが受けた拷問の内容は、万力で両手の指を潰したり、「抱き石」という重い石を体のうえに乗せるなど命に関わるものばかりで、クララは何度も気を失ったと記録されている。

　クララが「人間の血を吸った」という吸血鬼的な自白を強要されたのは、当時のドイツや東欧では、吸血鬼と魔女のあいだに明確な区別がなかったからだ。彼女が魔女か吸血鬼かは、裁く側にとってはどうでもいいことであり、何でもいいから「人間ならするはずのない邪悪な行い」をしたと、本人に言わせることが重要だったのだ。

> 魔女狩り裁判というと、魔女だけを裁くように聞こえますが、本質は「キリスト教を信仰しない（と決めつけた）人を罪人にする裁判」でした。われわれキリスト教の聖職者が、忘れてはならない歴史ですね。

実在した吸血鬼

illustrated by タカツキイチ

「吸血鬼病」で死んだ"魔女"
エレオノラ・アマリー

生没年：1681～1741（満60歳没）　出身地：オーストリア　性別：女性

子供ほしさに魔術を頼った公爵夫人

　東ヨーロッパの国オーストリアには、「エレオノラ・アマリー」という貴族の女性が、**吸血鬼になる病気**で死んだという奇妙な記録が残っている。

　エレオノラは、最高位の貴族である公爵家の妻となった高貴な女性だ。何不自由ない豊かな生活を送る彼女の悩みは、跡継ぎとなる息子が生まれないことだった。苦悩の末に彼女がすがりついたのは、「狼の乳を飲むと子供を授かる」という背徳的な迷信だった。当時、狼は「悪魔の仲間」と考えられていた。つまり狼の乳を飲むことは悪魔の力を借りることであり、魔女と呼ばれてもおかしくない悪徳だったのだ。

　エレオノラが41歳のとき努力が実り、彼女は無事男の子を出産した。だがこれは、現代でも危険視されるほどの高齢出産である。医療技術が未発達な18世紀では考えられないことで、そのため「エレオノラは何か魔術を使ったに違いない」と人々に噂されるようになってしまう。そして、エレオノラの夫が病死すると、夫の親族が「魔術を使うような女に跡継ぎを任せられない」と、彼女から息子をとりあげてしまった。

　夫と息子を同時に失ったエレオノラは、悲しみのあまり引きこもり、さらに体調を崩してしまう。エレオノラの体調不良の原因がわからない医者たちは、なんと彼女を「魔術を使った罪として、吸血鬼になる病気にかかった」と診断したのである。その後、エレオノラの体調は回復することなく、60歳で亡くなった。

秘密裏に行われた吸血鬼退治

　エレオノラの遺体は、死後に解剖されている。当時、解剖というのは罪人に対して行うもので、貴族の遺体を解剖するなどということは、まずありえなかった。

　この解剖は、解剖に名を借りた「吸血鬼退治」だったと考えられている。彼女が吸血鬼として復活することがないように遺体を処理しつつ、「身内から吸血鬼を出した」という不名誉を避けるため、記録には「解剖」と書いたわけだ。

　エレオノラの遺体は、公爵家代々の墓に入ることを許されず、遠く離れた街の教会にひとり埋葬された。棺の上には石や土などが何重にも積み重ねられ、エレオノラが吸血鬼となってよみがえらないよう、厳重に封印されていた。孤独のなかで亡くなったエレオノラは、死後も孤独なままだったのだ。

> エレオノラ様のカルテを入手しましたが……この症状は「癌」ではないですか？　だとすれば、当時の医師の処方が効果を発揮せず、原因がわからないために「吸血鬼になる病気」と診断するのもうなずけます。

実在した吸血鬼

illustrated by さくも

自殺したら吸血鬼になっちゃうよ?
ヴァインリキウス

出典:『無神論への解毒剤』(著:ヘンリー・モア／1655年イギリス)
出身地:ブレスラウ(ポーランド)　性別:男性

実在した吸血鬼

大都市をパニックにおとしいれた吸血鬼

　伯爵夫人エリザベート(➡p60)の血の宴が始まる少し前である1591年に、ドイツの東隣の国ポーランドの大都市ブレスラウにも吸血鬼が出現した。地名から名を取って、この吸血鬼は通称「ブレスラウの靴屋」と呼ばれる。本名は、確実ではないが"ヴァインリキウス"だったと伝えられている。イギリスの神学者ヘンリー・モアの記録『無神論への解毒剤』によれば、この吸血鬼は、死後しばらくたつと、昼夜を問わず人前にあらわれるようになった。その姿は生前の靴屋そのままだったという。

　復活したヴァインリキウスは、音をたてて寝ている人を起こしたり、体に乗るなどの小さな悪事をするだけだったが、市民たちは恐れ、日常生活にも悪影響が出はじめた。事態を重く見たブレスラウの市議会は、靴屋の死体を掘り出し「目に付くところに置く」「絞首台の下にさらす」などの方法で無力化しようとしたが効果なし。逆に吸血鬼の行動はエスカレートし、人間の首を絞めたり、猛烈に暴れるようになった。

　最終的に彼の遺体は、首と両手足を切断されたあと火葬され、灰や骨は袋に詰めて川に流されたという。こうしてようやく、靴屋の吸血鬼は姿を消した。

自殺者は「背教者」

　ヴァインリキウスが「吸血鬼になった」理由は、彼が"自殺者"だったからだ。

　キリスト教では、人間の命は神が与えた貴（とうと）いもので、自殺は神への裏切りと考える。そのため自殺者は、正式な葬式をしてもらえなかったのだ。これはキリスト教徒として非常に恥ずかしいことであるため、ヴァインリキウスの妻は自殺の痕跡を隠し、夫は脳卒中で急死したことにして正式な葬式をあげ、家の名誉を守ろうとした。

　ところが東欧では、自殺者の遺体は吸血鬼になると信じられている。吸血鬼化を防ぐには、しかるべき対策をとる必要があるのだが、普通の死者と同じように埋葬されたヴァインリキウスには、当然ながら吸血鬼化対策がされていない。

　実はブレスラウの街では、ヴァインリキウスの死後に「靴屋の死は自殺だった」という噂が広まっていた。そのため民衆は「吸血鬼対策をしていない埋葬を行ったヴァインリキウスは、このあと吸血鬼になる」と恐怖し、本来なら存在しない吸血鬼を「実際に見た」と思い込むようになったわけだ。

> 実は聖書には「自殺してはならない」とは書いてありません。キリスト教で尊敬の対象になる「聖人」になるために、自殺しようとする人が多すぎたので、その対策として当時の教会が定めた決まりなのですよ。

illustrated by tecoyuke

逆らうヤツはみ〜んな串刺し
ヴラド3世

生没年：1431〜1476（満45歳没）　出身地：ワラキア公国（現在のルーマニア南部）　性別：男性

ドラキュラのモデルとなった男

　世界でもっとも有名な吸血鬼、ドラキュラ伯爵（→p36）。原典である小説『ドラキュラ』では明言されていないが、このドラキュラのモデルになった人物は「ヴラド3世」という、歴史上実在した人物である。多くの肖像画では、ヴラドは「赤い帽子に赤い服を着て、ヒゲをたくわえた細身の男」として描かれる。

　小説のドラキュラは、東欧の「トランシルヴァニア地方」に住む伯爵だが、ヴラドはトランシルヴァニアではなく、その南東の「ワラキア地方」の支配者だった。

　現在に残るヴラド3世の伝説は血なまぐさいものばかりだ。例えば彼は「村を焼き、住人すべてを連行して串刺しにした」「多くの外国人を捕らえて焼き殺す」といった具合に、罪のない人々を楽しむかのように虐殺したという。さらに「串刺しにした人間から流れる血を、杯に満たして飲んだ」という伝説まである。世界中で恐れられた、吸血鬼ドラキュラ伯爵のモデルになったのもうなずける残忍さだ。

ヴラド3世の肖像画。オーストリアの「美術史美術館」所蔵。

歴史上のヴラド3世

　伝説として語られているヴラド3世の行いは、歴史的な事実とはいくらかの違いがある。ここで、史実のヴラド3世がどんな人物だったのかを確認してみよう。

　ヴラド3世は、ワラキア領主ヴラド2世の息子として生まれる。暗殺された父に代わり若くして領主になったが、わずか2ヶ月で戦争に負けて他国に亡命したり、敵国ハンガリーに身を寄せたりするなど、波瀾万丈の青年期を送る。紆余曲折の末に領主に返り咲くと、彼は貿易の保護をはじめとする内政政策を数多く打ち出して、ワラキアを豊かな国に生まれ変わらせている。

　ここまで聞けば理想的な名君に思えるヴラド3世だが、後世の伝説につながるような苛烈な行為も行っている。当時のワラキアでは、領主の家臣であるはずの有力貴族たちが強い権力を持っていて、領主の権力は非常に限られていた。この状況を打開するために、ヴラドは有力貴族たちを次々と「処刑」することで政敵を排除し、自分の権力を高めていったのである。

　このとき使われた処刑法が「串刺し刑」だった。これは罪人の口または肛門から巨

illustrated by Genyaky

大な串を突き刺し、その串を地面に突き立てて、罪人が死ぬまで放置するという残酷きわまるものである。ヴラドはこの刑罰を、反抗的な貴族、国内の罪人、ヴラドに非礼をはたらいた外国人などに適用。彼の支配に反発する貴族たちを恐怖で押さえつけた。こうしてヴラドは「串刺し公（ツェペシュ）」の異名とともに、絶対的な権力を手に入れたのである。

ヴラドが行った「串刺し刑」は、ワラキアにとって最大の敵であり、当時東欧で最大の勢力を誇った「オスマン・トルコ帝国」が侵略してきたときも発揮された。

中東、トルコ、北アフリカを支配する巨大帝国オスマン・トルコと、東欧の小国ワラキアでは、兵力の差は圧倒的である。普通ならば降伏して当然の戦争だったが、ヴラドは奇襲攻撃を駆使するほか、自国の領土で家を壊したり食料を燃やすことで、敵が食事や睡眠を取れないようにする「焦土作戦」という戦術を駆使し、オスマン・トルコの軍を消耗させていったのである。そしてトルコ軍の兵士を捕虜にすると、首都の周りにトルコ兵を「串刺し刑」にした杭を、"まるで林のように" たくさん立ち並べた。このあまりに凄惨な光景を目にしたトルコ軍の指揮官は「このような男が相手では何ができようか」とつぶやき、軍を撤退させたという。

実在した吸血鬼

豪腕領主が吸血鬼にされたわけ

ヴラドは個人的趣味で残虐行為をしたのではない。彼は不安定な権力や、圧倒的に劣勢な軍事力を補うために、恐怖という力を利用したに過ぎないのである。

ヴラドの残忍な伝説の多くは、ヴラドに恨みを持っていたり、政治的に敵対した人が、彼の苛烈な行いを誇張して作ったものだ。彼らはヴラドをおとしめるために、残虐行為を故意に誇張して、ヴラドが極悪人だというイメージを作りあげた。そのためヴラドの死後、彼は冒頭に書いたような伝説で彩られ、悪魔そのものだと語られたり、民間伝承に登場する魔王そのものだと言われるようにまでなってしまったのだ。

「ドラキュラ」という名前の由来

ヴラド3世の父である「ヴラド2世」は、ドラゴン騎士団という高級貴族向け騎士団の一員だったため「ドラクル（竜公）」という異名を持っていた。そのため息子であるヴラド3世は、ドラクルの息子ということで「ドラキュラ」のあだ名で呼ばれていた。ただし「ドラキュラ」の由来には、この名前がルーマニア語などで「悪魔」を意味するため、悪魔の子という意味を込めて呼んだなど、複数の異説がある。

理由はどうあれ、ヴラドはドラキュラという名前を気に入っていたらしく、署名などで「ヴラド・ドラキュラ」と記載することが多かった。ブラム・ストーカーはハンガリーの学者（→p133）からこの異名を聞き、吸血鬼小説の主役の名前を「ドラキュラ伯爵」としたのである。

> 実は当時の東欧南部では、串刺し刑は一般的な処刑方法でした。ヴラド3世が特別残忍だったわけではありませんし、ヴラド3世が串刺し刑を発明したということもありませんので誤解なきよう。

吸血鬼種族
Vampiric Species

　東ヨーロッパには、「ヴァンパイア」以外にも吸血鬼の名前がたくさんあります。そして、名前が違うと能力や行動パターンも変わるのです。この章では、地方ごとに吸血鬼の名前と特徴が変わることを「吸血鬼の種族ごとの違い」と考え、それぞれの種族の特徴を紹介します。

illustrated by 皐月メイ

吸血鬼のルーツを探る!

さてお嬢様。次は私たち吸血鬼という種族全体についての問題です。
我々吸血鬼という種族は、どこで生まれ、どのように発展してきたと思われますか？
ここではまず、我ら吸血鬼のルーツについてお話しましょう。

吸血鬼ってどこで生まれたの?

吸血鬼の故郷と言われたら、どこを思い浮かべますか？ ドラキュラ伯爵の故郷、ルーマニアを想像する方が多いかも知れません。そのとおりです、吸血鬼は、ルーマニアの周辺であるヨーロッパ東部、「東欧」と呼ばれる地方で誕生したのです。

吸血鬼発祥の地は?

へえ、私たちの真祖様はここで生まれたのね。

イギリス
ドイツ
フランス
吸血鬼が生まれたのはここ！
東ヨーロッパ南部
スペイン
イタリア
トルコ

もっとぶっちゃけると、「吸血鬼というモンスターがいる！」って言い出したのは、東欧の農民なんだ。もともと吸血鬼は東欧ローカルなモンスターだったんだけど、ヨーロッパ全土へ、そして世界へ広まって、皆にも知られるようになったんだ。

吸血鬼種族

東欧の吸血鬼は血色良好!?

そう、私たちのルーツは東ヨーロッパにあったの。
はじめのころの吸血鬼とはどのような方々だったのかしら？
いわば吸血鬼の始祖たる方々だし、さぞ高貴で強大な方々だったのでしょう。

うーん、強大かどうかはともかく、あんまり「高貴」って感じじゃないかな。
こいつを見てみて。東欧で生まれた吸血鬼って、だいたいこんな感じの服を着ていることが多いみたいなんだ。

東欧民間伝承の吸血鬼は、ここが違う！

肌の血色がよい
創作の吸血鬼は青白い肌が特徴ですが、東欧の吸血鬼は、赤みがかった血色のいい肌を持つ者が多数派です。

外見は一般庶民である
東欧の吸血鬼は元庶民で、生前の服や死装束を着ています。創作のような「貴族風吸血鬼」はほとんどいません。

血を吸わない者もいる
東欧で吸血鬼と呼ばれる者のなかには、血を吸わない者もいます。彼らは人間を、呪いや首絞めなどで殺します。

日光が弱点ではない
東欧の吸血鬼の多くは夜行性ですが、日光を浴びても灰になりません。なかには昼間だけ動く吸血鬼もいます。

東欧の人々にとって、吸血鬼は映画の悪役などではなく、自分たちの生活をおびやかす怪物でした。東欧の民間伝承では、吸血鬼になるのは村人の死体であり、生前の親族を襲う傾向があるほか、上のような特徴をそなえていました。

……ちょっと、これは何!?
高貴どころか、体にボロを巻き付けているだけじゃないの！
夜の貴族たる吸血鬼の始祖が、こんな汚らわしい外見だったなんて！

私は、マリーカさんやクラウスさん、それからドラキュラ伯爵のような格好の吸血鬼しか知りませんでした。
なるほど〜、これはあくまで創作のお話だったんですか〜。

お嬢様、不本意なのはお察しいたしますが、呆けてばかりもいられませんよ。
次は東ヨーロッパの吸血鬼に見られる「地域差」や、吸血鬼の伝承がどの国にあるのかを学んでいただきます。

南北でも違う！ 吸血鬼の特徴

> さて、前のページで紹介した「東欧民間伝承の吸血鬼」の外見は、あくまで東欧における吸血鬼の全体的な傾向に過ぎません。
> 実は東欧の吸血鬼は、意外にバリエーションが豊かなのです。

> バリエーションが豊か？
> もしかして、同じ吸血鬼なのに、何か違いがあるの？

> ええ、そのとおりですお嬢様。
> 特に、ヨーロッパ中部の国「オーストリア」と「ハンガリー」を境目にして、南と北では吸血鬼の特徴にこのような違いがあります。

吸血鬼空白地帯

東欧の国のなかでも、オーストリアとハンガリーには、なぜか吸血鬼の伝承がほとんど伝わっていません。

東ヨーロッパ北部

北方の国々には、墓から出てこない、人間を呪うなど、霊体、呪術的な特徴を持つ吸血鬼が多い傾向があります。

東ヨーロッパ南部

東欧南部、バルカン半島の吸血鬼は、生前の妻に夜這いをかけ、子供を産ませる男性吸血鬼の伝承が多数存在します。

民間伝承の吸血鬼は、地域ごとに違う名前を持っており、名前と場所が違えば特徴も微妙に異なります。本書では、同じ名前と特徴を持つ吸血鬼のことを「吸血鬼種族」と呼ぶことにします。

> 東欧の吸血鬼にはそれこそ何十種類っていうバリエーションがあるんだけど、特に南と北では大きな違いがあるみたいだね。あ、ちなみに、中間のハンガリーに吸血鬼がいないワケは、右のページで説明してるよ。

「吸血鬼のいる国」早わかりMAP

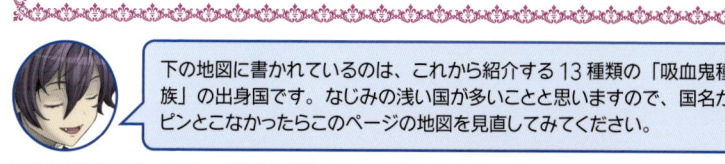

下の地図に書かれているのは、これから紹介する13種類の「吸血鬼種族」の出身国です。なじみの浅い国が多いことと思いますので、国名がピンとこなかったらこのページの地図を見直してみてください。

吸血鬼発祥の地は？

この国名を覚えておいて！

ドイツ
ポーランド
スロバキア
スロベニア
ルーマニア
セルビア
ブルガリア
ギリシャ

どうしてハンガリーには吸血鬼がいないの？

　東欧の国々のなかで、ハンガリーに吸血鬼伝承がないのはなぜだと思いますか？　実は、ハンガリーは東ヨーロッパの国々のなかでも特に「スラブ人」の少ない国なのですよ。
　スラブ人とは、ヨーロッパに合計2億5000万人も住んでいる欧州最多の民族で、おもに東欧に分布しています。そして「吸血鬼」という文化は、スラブ人の民間伝承から生まれたという説が有力なのです。
　スラブ人の住むところや、スラブ文化の影響を強く受けた場所には吸血鬼伝説が根付きました。逆にスラブ人がいないハンガリーには、吸血鬼の伝承が存在しないのです。

血を吸わなくても吸血鬼でいい?
ヴリコラカス
出典：ギリシャの民間伝承　出身地：ギリシャ　性別：男女両方

南国ギリシャを代表する吸血鬼

　バルカン半島南端のギリシャでは、吸血鬼は「ヴリコラカス」と呼ばれている。

　ヴリコラカスは、人間が死んだときに着せられる白い服「屍衣（shroud）」を身につけている。外見は、赤い顔をして爪が長く、皮膚が太鼓に張った皮のように硬く張っていて、生前よりも太っている。また、一部には足の形がロバや馬と同じようになっているヴリコラカスもいるらしい。

　ヴリコラカスは、墓場で人間の首を絞めたり、寝ている人間の上に乗って胸から血を吸ったり、夜に民家を訪れて住人を呪い殺すという習性を持つ。この呪いは、呼びかけに返事をしただけで死ぬという強力なものだ。だが、ヴリコラカスは非常に短気な性格なので、相手を一度しか呼ばない。そのためギリシャでは、訪問者に対して1回目の呼びかけは無視し、2回呼ばれたら人間なのでドアを開ける習慣があった。

　人間がヴリコラカスになる理由も多岐にわたる。特に、狼が殺した羊の肉を食べた者、不自然な死に方をした者、葬儀が適切に行われなかった者、教会に破門された者、生前に呪いを受けた者などは、死後にヴリコラカスになる可能性があるという。

　吸血鬼を滅ぼすときの定番は「心臓に杭を打ち込む」ことだが、これはギリシャでは行われず、「遺体を焼く」という対策がとられることが多い。そのほかにも、心臓をえぐり出して酢で煮る、全身を切り刻むなどの方法もとられる。

　また、無数の小島を有するギリシャでは、無人島に遺体を埋めることもある。吸血鬼には、川や海などの"流れる水"を渡れない性質があるので、動き出した死体は海を渡れず、永遠に無人島に閉じ込められるのだ。

　ヴリコラカス退治を語るうえで外せないのが「もっとも吸血鬼に汚染された島」として知られるギリシャ南部の島、サントリーニ島だ。この島には古くから吸血鬼の伝承が多く、島民全員が吸血鬼ハンターだとまで考えられた。そのためギリシャでは、手に負えない吸血鬼（遺体）をこの島に送り、火葬してもらうこともあった。

血を吸わないのは吸血鬼？

　ヴリコラカスは、地域や伝承ごとに、同じ種類の怪物とは思えないくらい幅広い特徴を見せる吸血鬼である。人間を食べたり血を吸うという逸話だけでなく、未知の歌で人間を踊らせる、畑の豆を食べまくる、家財道具を投げ散らかすなど、吸血行為とはまったく関係のない行動を取る話が非常に多いことに驚かされる。

　さらに言うと、ヴリコラカスと呼ばれる怪物のなかには、血を吸わないどころか死

illustrated by びす

体ですらない、明らかに吸血鬼的でないものも存在する。

　ギリシャ国内でもっともトルコに近い島のひとつ「レスボス島」では、ヴリコラカスのなかには「生けるヴリコラカス」と「死せるヴリコラカス」がいると信じられている。死せるヴリコラカスはここまで説明してきた吸血鬼のことだが、生けるヴリコラカスは、満月の夜にさまよい歩く夢遊病者で、人や獣に襲いかかると言われている。これは吸血鬼ではなく、人狼（ワーウルフ）の特徴だ。そもそもヴリコラカスという名前は、古いスラブ語で人狼という意味の単語が変化したものなのである。

人間を殺さないヴリコラカスがいる理由

　血を吸わないどころか、人間を殺さない、無害なヴリコラカスもいる。『コリントの花嫁』（→p34）の元ネタになった少女フィリニオンや、124ページで紹介している「サモス島のヴリコラカス」などがその代表格だ。

　このようにヴリコラカスのなかに「無害な者」がいるのには理由がある。これら無害なヴリコラカスと、人を殺すヴリコラカスは、語り継いできた民族が違うのだ。

　ギリシャには、もともと自分たちを「ヘレネス」と呼ぶ民族が住んでいた。だが7世紀ごろ、北から「スラブ人」（→p83）という民族が移住してきた。このためギリシャには、ヘレネスの文化とスラブの文化が混在しているのだ。

　少女フィリニオンの物語からもわかるとおり、原住民であるヘレネスたちは、もともと「無害な動く死体」の伝承を持っていた。これがスラブ人の危険な動く死体「吸血鬼」と混じりあった結果、スラブ由来のものもヘレネス由来のものも、動く死体はすべて「ヴリコラカス」と呼ぶようになったらしい。

吸血鬼種族

人狼（ワーウルフ）ってなんだ？

「人狼」っていうと、満月の夜にオオカミ男に変身する人間のことを思い浮かべる人が多いよね。でもこれ、あくまで1パターンにすぎないんだ。「半人半狼タイプ」以外にも、ただの狼に変身するタイプとか、そもそも姿は人間のまま、行動パターンだけが狼になっちゃう人狼もいるんだよ。知らなかったでしょ？

　実は人狼って、吸血鬼と同じ東欧の怪物で、吸血鬼の類似品みたいに扱われてるんだ。「人狼が死ぬと吸血鬼になる」「吸血鬼は狼の姿をとる」って話もあるしね。だからギリシャでは、人狼と吸血鬼の両方をヴリコラカスと呼ぶんだよ。

サントリーニ島で吸血鬼がよく生まれるのは、この島が「石灰岩」でできているせいで、土に埋めた遺体が腐りにくいからなんだ。3年前に埋めた死体が昔と同じ外見だったら、吸血鬼だと思うよね？

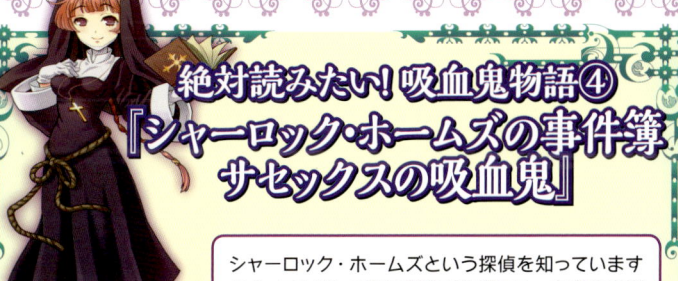

絶対読みたい！吸血鬼物語④
『シャーロック・ホームズの事件簿 サセックスの吸血鬼』

シャーロック・ホームズという探偵を知っていますか？　ロンドンの街に事務所を構える、有名な安楽椅子探偵さんですけど……実はこのホームズさん、吸血鬼と"対決"したことがあるんだそうです！

あの『ホームズ』が、吸血鬼と"対決"!?

　イギリスの作家「アーサー・コナン・ドイル」による、ホームズシリーズの最後の短篇集『シャーロック・ホームズの事件簿』に収録されている本作。タイトルからすれば、ホームズと吸血鬼が全面対決する内容を期待するだろうが……。
「現代と中世、現実と空想がごちゃまぜになったものとしちゃ、これ以上のものはないね。ワトスン、そいつをどう思う？」という冒頭のホームズの台詞で早々に打ち切られる。吸血鬼騒動の裏側を鋭い推理で暴いてみせるのが本作の切り口だ。
　その後「再婚した妻が、赤ん坊の首に噛み付いて、血を吸っている場面を２度も目撃してしまった。私の妻が吸血鬼なのかどうか調べてほしい」という依頼を受けたホームズとワトスンは現地へと向かう。そして彼らは、依頼人の妻にかかった吸血鬼の疑いを鮮やかに晴らし、事件を解決するのであった。
　この作品には本物の吸血鬼こそ登場しないが、吸血鬼と名探偵の夢の共演を楽しむことができる。だが、それ以上に注目したいのは、この作品が書かれた背景だ。
　小説『ドラキュラ』の作者ブラム・ストーカーはコナン・ドイルと親交があり、彼らはおたがいの作品に賛辞を贈り合う仲であった。『サセックスの吸血鬼』の発表は、小説『ドラキュラ』が発表されてから27年後で、ほぼ同時代の作品といえる。
　ふたりのあいだに親交がなければ、『サセックスの吸血鬼』は書かれなかったと考える専門家もいる。ふたつの名作を通じて、同年代に生まれた伝説の探偵と怪物を比べてはいかがだろうか。

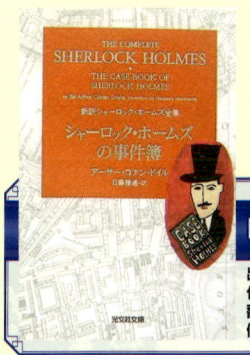

-Book Data-

『シャーロック・ホームズの事件簿』

出版：光文社文庫
作者：アーサー・コナン・ドイル
翻訳：日暮雅通
価格：762円（税別）

サンタのかわりにこんばんわ♪
カリカンザロス
出典：民間伝承　出身地：ギリシャ他ヨーロッパ各地　性別：男女両方

"降誕節"に暴れる吸血鬼

　イエス・キリストの誕生日とされる12月25日の「クリスマス」は、世界的にもっとも有名な祝祭のひとつだ。日本ではクリスマスとその前日（イブ）ばかりが強調されるが、キリスト教信者が多い国では、イエスが誕生した12月25日から、"イエスの誕生を知った3人の賢者がイエスのもとを訪れた"という1月6日の「公現祭」までの12日間を、「降誕節」として祝う風習がある。

　ギリシャに伝わる吸血鬼カリカンザロスは、この「降誕節」と密接な関係がある。この吸血鬼は"クリスマスの12月25日から翌年の1月6日のあいだ"つまり降誕節のあいだだけ活動するという、変わった存在なのである。

　カリカンザロスの外見や能力についての伝承には複数の種類があるが、「黒い顔」「赤い目」「ロバの耳」「鋭い牙」を持っていることが多い。また多くの場合、この吸血鬼は長い爪で人間を捕らえて殺し、血をすするという。ちなみに「降誕節」以外の期間のカリカンザロスは、虚空の世界をさまよっているのだとされる。

カリカンザロスの誕生と予防

　17世紀のギリシャの民俗学者、レオ・アラティウスによれば「クリスマスから新年にかけた7日、あるいはクリスマスから13日目までに生まれた」子供が、死後にカリカンザロスになってしまうという。この期間は上記のとおり、カリカンザロスが悪さを働く期間とほぼ一致する。

　別の伝承では、12月25日から1月6日までに生まれた子供は、生まれてすぐに親元を離れる。彼らは普段は地下で暮らし、12月25日から1月6日まで地上で悪事を働く。そして彼らが死ぬと、いよいよ吸血鬼になってしまうのだ。

　本来は祝祭であるクリスマスから公現祭にかけての降誕節に、吸血鬼であるカリカンザロスの伝承が深く関わっている理由はわかっていない。一説によれば、降誕節に生まれた子供がカリカンザロスになるのは「祭日をだいなしにした」罰だともいう。

　これらの伝承は強く信じられ、昔のギリシャ人は、この期間中に子供を産んでしまうことがないよう警戒した。もし生まれてしまった場合、ある地域では、子供がカリカンザロスにならないようにするおまじないとして、カカトに焼き印を押すという。

吸血鬼種族

> カリカンザロスのなかには血を吸わない者もいます。その場合の外見は「尾が長く、毛で覆われた小人」や「巨人」なのだそうで。外見がまったく定まらないのもこの怪物の特徴といえますね。

illustrated by 田阪新之助

黒に染まった悪の華！
クドラク

出典：スラブの民間伝承　　出身地：スロベニアなど　　性別：男女両方

この世の悪を象徴する吸血鬼

　吸血鬼クドラクは、悪や闇といった、この世の負の部分を象徴する吸血鬼だ。イタリアから海を隔てて東側の対岸にある国「スロベニア」や、その南にあるイストリア半島という地域では、疫病や凶作、不幸などの悪いことは、すべて吸血鬼クドラクのせいだと考えられていた。もちろんクドラクは吸血鬼なので、罪のない人や無防備な人を襲ったり、血を吸うこともある。さらには牛や豚、馬に変身したり、炎の輪に変化する能力も持っている。

　クドラクは、ほかの多くの吸血鬼と違って、死んだ人間が変化する吸血鬼ではない。人間の胎児は、母体のなかで「羊膜」という薄い膜に包まれて育ち、時期が来ると羊膜が破れて出産されるのだが、たまに羊膜に包まれたままの子供が生まれてくることがある。このとき、羊膜の色が黒または赤だった場合、子供が一定の年齢になると先輩のクドラクが迎えに来て、その子供をクドラクにしてしまうのだ。ただし、出産直後に外に向かって「クドラクが生まれたよ！」と叫べば、子供がクドラクになるのを防げるという言い伝えもある。

　クドラクと呼ばれるのは吸血鬼だけではない。ある地域では、クドラクは吸血鬼ではなく「魔術師（魔女）」だとされている。人間に混じって村で暮らすこともあるが、色が黒いため簡単に見分けがつく。また別の地域ではクドラクとは「黒い狼」、つまり人狼である。東欧には「人狼は死ぬと吸血鬼になる」という伝承があり、人狼と吸血鬼は切っても切れない関係どころか、同じ存在だと言っても過言ではない。

天敵、クルースニク

　クドラクには、クルースニク（→p142）という天敵がいる。クルースニクは"善の象徴"であり、悪の象徴であるクドラクと対になる存在だ。両者は戦うことを宿命付けられているが、この戦いはかならずクルースニクが勝利することになっている。

　ただしやっかいなことに、クドラクは非常に生命力が強く、ただ倒しただけでは"さらに強力になって"復活してしまう。クドラクを完全に滅ぼすには、バラ科の植物であるセイヨウサンザシで作った杭を心臓に打ち込むか、クドラクのヒザの下にある腱を切って埋葬する必要がある。

> クドラクはクルースニクと戦うとき、切り株を武器に使うんだ。だからクルースニクが勝てるように、秋のうちに切り株を引っこ抜いて家に持ち帰る習慣があったんだ。

吸血鬼種族

illustrated by ジョンディー

夜の空舞う吸血鬼
ストリゴイイ&モロイイ

出典：東欧の民間伝承　出身地：ルーマニア　性別：男女両方

空飛ぶ吸血鬼「ストリゴイイ」

　ルーマニアの吸血鬼「ストリゴイイ」の名前には"魔女"または"夜の鳥"という意味がある。その名のとおりストリゴイイは、空を飛ぶ吸血鬼だ。ストリゴイイという名前は男性形で、女性の場合は「ストリゴイカ」と呼ばれる。赤い髪と青い瞳が特徴で、ふたつの心臓を持っていると言われる。

　彼らは日が暮れると墓から出てきて夜空に飛び上がり、人間の肉を食らい血をすする吸血鬼である。ルーマニアでは非常に有名な種族で、広い地域にバリエーション豊かな伝承が残されている。外見は伝承ごとに、足が非常に細い、足が馬の足になっている、顔が赤いなど。能力のほうは、動物変身、疫病を広める、「吸血鬼として7年間活動後、他国に行って人間になる」などの伝承が見られる。

　ストリゴイイ対策にも多くの種類があるが、ほかの地域と比べると、ニンニクを多用する予防法が目立つ。それ以外で特筆すべきは、ルーマニアの隣国であるハンガリー人がストリゴイイになると、ルーマニア人には退治できないと教えていることだ。ハンガリーは東欧では珍しく吸血鬼伝承のない国なのだが、ストリゴイイを信じるルーマニアの人々には関係ないようである。

生ける吸血鬼「モロイイ」

　7年間活動して人間に変わったストリゴイイが、人間と子供を作ると、生まれた子供は人間ではなく、生まれながらの吸血鬼「モロイイ」になる。本書では吸血鬼を「動き出した死者が人間の血を吸う」者だと定義したが、モロイイはその例外だ。

　モロイイの特徴は、吸血鬼というより「魔女」そのものだ。ホウキに乗って空を飛び、動物と会話し、人間や家畜に呪いをかけたり、雨が降らない呪いを使ったり、夜中に原っぱに集まって一晩中戦い続けたりする。ただし魔女とはいうものの、モロイイは女性ばかりではなく男性もいる。男性のモロイイはハゲ頭で、女性のモロイイは顔が赤いという特徴があるとされている。

　モロイイはルーマニアで「生けるストリゴイイ」と呼ばれることもある。これは、ルーマニアにおいて「ストリゴイイ」という単語は、西洋の「ヴァンパイア」と同様に、吸血鬼をあらわす一般名として使われているからだ。

> ルーマニア周辺では、片思いしたまま死ぬとストリゴイイになると信じられているのだわ。好きな人にはきちんと告白しないと、吸血鬼になってしまうわよ？　まあ、私の下僕になりたいならかまわないけれどね。

吸血鬼種族

illustrated by ネコメガネ

いただきます♪ 夜の新婚生活
ノスフェラトゥ

出典：ルーマニアの民間伝承　　出身地：ルーマニア　　性別：男女両方

人を苦しめて喜ぶ吸血鬼

　40ページで紹介したオルロック伯爵が登場するのは『吸血鬼ノスフェラトゥ』という映画である。主人公の名前がオルロックなのに、なぜこんな題名になったのかというと、この「ノスフェラトゥ」とは、映画の舞台であるルーマニアの民間伝承に登場する、吸血鬼の一般名称のひとつだからだ。

　民間伝承によれば、私生児（結婚していない男女から生まれた子供）の親から生まれた私生児は、死後すぐに吸血鬼ノスフェラトゥに変わるという。そして夜中に墓から這い出して、黒猫、黒犬、虫、蝶、麦ワラなどに変身して移動する。墓を出たノスフェラトゥは、人間を襲って血を吸ったり、直接的な暴力で人間を殺すという。なぜならノスフェラトゥにとって、人間を苦しめることこそが至上の喜びだからだ。

　ノスフェラトゥは、新婚の家庭を激しく憎んでおり、新婚夫婦の性機能を不能にしてしまう特殊能力を持っている。なぜノスフェラトゥが新婚の家庭を憎むのかは不明だが、この吸血鬼が生前、結婚していない親から生まれた私生児であることが関係しているのかもしれない。

　多くの吸血鬼と同じように、ノスフェラトゥにも専用の退治方法が伝わっている。特に有名なのは"ノスフェラトゥの胸に銃弾を打ち込む"ことと"ノスフェラトゥを串刺しにする"ことである。この退治法は、吸血鬼になる前に行っても予防効果があるとされたため、埋葬する遺体にあらかじめこの処置を行うこともあった。

吸血鬼の子は親に似ない？

　伝承によると、男性のノスフェラトゥは非常に好色で、人間の女性を襲い、子供を生ませることがあったという。こうして生まれた子供は、かならず魔女か吸血鬼のどちらかになるとされている。

　おもしろいことに、ノスフェラトゥが生ませた子供が吸血鬼になる場合、その子供はノスフェラトゥではなく、生きながらにして"モロイイ"（➡p92）という別の吸血鬼になる。さらにこうして生まれたモロイイが死ぬと、ストリゴイイ（➡p92）という、また別の吸血鬼として復活するといわれている。

　ノスフェラトゥは、ふたつの吸血鬼種族の母体となる吸血鬼なのだ。

> ノスフェラトゥとは、東欧の古い言葉で「不死者」や「病気を持っている」という意味がある単語だそうです。たしかに噛まれると同類になってしまう吸血鬼には、伝染病のような性質があるともいえますね。

吸血鬼種族

illustrated by 杉村麦太

天に昇ったまあるいゴチソウ♪
ヴァルコラキ

出典：ルーマニアの民間伝承　　出身地：ルーマニア　　性別：不明

無数の姿を持つ吸血鬼

　バルカン半島東部の国、ルーマニアに伝わる吸血鬼ヴァルコラキは、伝承によって多彩な姿を持つ吸血鬼である。ある伝承では犬より小さく、別の伝承ではドラゴンの姿や、たくさんの口を持ちタコのように吸い付く獣の姿をとる。怪物ではなく人間の姿に化けることもできる。人間になったヴァルコラキは、顔が青白く、乾いた皮膚の持ち主になるとされている。このほかにも、頭がふたつある犬だとか、実体のない霊的存在だという伝承もあり、決まった姿は存在しないといっていい。

　ルーマニア南部のワラキア地方では、この吸血鬼はプリクリウスという名前で呼ばれている。プリクリウスは、昼間は美青年の姿をしているが、夜は大きな黒い狼に変わり、出会った者の血を吸うという、人狼（→p86）と吸血鬼の両方の特徴を持つ怪物だ。

　人間がヴァルコラキになる原因は、洗礼を受けない、神に呪われる、未婚の母親から生まれた子供が死ぬ、などほかの吸血鬼と似た理由が多いが、これとは別に、生活上のタブーを犯すことでヴァルコラキが生まれるとする言い伝えもある。

太陽や月を食べられないために

　ヴァルコラキは、ほかの吸血鬼が持っていない、とてつもない能力を持っている。なんと彼らは、天空に輝く太陽と月を食べてしまう吸血鬼なのだ。

　まずヴァルコラキは、吸血鬼化した肉体を深い眠りにつかせて幽体離脱する。空中に浮かび上がったヴァルコラキの霊体は、空を食い荒らしながら進み、ついには太陽や月を食べてしまうのだ。

　ルーマニアでは、トウモロコシのお粥を火にこぼしたり、日暮れ時に掃除をしてホコリを掃き出すとヴァルコラキが誕生し、天に昇って太陽や月を食べるので、こういったことをしてはいけないと教えられる。また、夜中に明かりもつけずに糸をつむぐと、その糸を伝ってヴァルコラキが天に昇り、月を食べるという言い伝えもある。

　太陽や月が、ほかの天体に隠れてしまう「日食」「月食」という現象は、古くは「モンスターなどが引き起こす怪奇現象」と信じられ世界各地で恐れられてきた。太陽や月が食べられる現象は、地域によって竜、魚、蛇などが原因だとされるが、その原因が吸血鬼だと考えるあたり、さすがにルーマニアは吸血鬼の本場といえる。

吸血鬼種族

　マリーカは日食とか月食とか見たことある？　たしかにあれはいきなり気づくとびっくりするし、天文学の知識がないと「なんでこんなことが起きたの？」って怖くなるだろうねぇ。

illustrated by コバヤシテツヤ

キスするだけでぜ～んぶ吸っちゃう！
ユダの子ら
出典：民間伝承　出身地：バルカン半島　性別：男女両方？

裏切り者の子孫が吸血鬼？

バルカン半島に数多く存在する吸血鬼種族のなかでも、"ユダ"という者の子孫たちは、特に凶悪な吸血鬼種族のひとつとして恐れられている。この吸血鬼種族は先祖の名前から「ユダの子ら」（children of judas）と呼ばれる。

ユダの子らは、人間に噛みついたりキスをするだけで、血を吸い取ることができる。そして血を吸ったあと、犠牲者に、30を意味するローマ数字「XXX」の傷を残す。彼らの害を避けるためには髪の毛に注目するといい。彼らは"赤い髪"をしているので、赤い髪の人間を避ければユダの子らの害を避けることができる。

ユダって何者？

ユダの子らの先祖である、ユダとは何者なのか？　かなりの有名人なのでピンと来た人も多いかもしれない。このユダとは、キリスト教の開祖「イエス・キリスト」の13人の弟子「使徒」のひとりで、イエスを裏切ったことで有名な「イスカリオテのユダ」のことだと考えられている。

キリスト教の聖書『新約聖書』によれば、イスカリオテのユダは、イエス・キリストの弟子だったが、イエスと敵対する勢力に、イエスを売り渡した人物である。このこともあってキリスト教を信じる国では、「イスカリオテのユダ」の評価は非常に低く、一部の国では子供に「ユダ」という名前をつけることを禁止しているほどだ。

吸血鬼である「ユダの子ら」が、なぜユダの子孫とされているのかは不明だが、「ユダの子ら」の特徴には、ユダと関係の深いものが多いのは事実だ。例えばイスカリオテのユダは赤い髪の持ち主だと言われており、子孫の「ユダの子ら」の髪と同じ色である。さらにユダの子らが犠牲者に残す「XXX」の傷は、ユダがイエスを裏切ったときに報酬として受け取ったという「銀貨30枚」と数が一致する。

さらにイスカリオテのユダは、イエスと敵対する派閥の人間がイエスを捕らえようと画策したとき、群衆のなかで誰がイエスかわかるように、イエスに抱きつきキスをしたと言われている。これは後世「ユダの接吻」と言われ、絵画などの題材に使われるほど有名な場面だ。「ユダの子ら」はキスをするだけで人間の血を吸い取る能力があり、「ユダの接吻」の逸話との関連性がうかがえる。

吸血鬼種族

> 最近よくユダを「13番目の使徒」と呼ぶものがありますが、これは間違いですよ！　使徒ユダは12番目の使徒です。裏切りのあと、欠員補充のために、マティアという人が13番目の使徒になっています。

illustrated by 関あくあ

悪い子するなら誰でも仲間さ！
ムッロ

出典：民間伝承　出身地：不定（ジプシーの伝承）　性別：男女両方

放浪民族ジプシーに伝わる吸血鬼

　ムッロは、東欧を中心に欧州各地や世界中に広がる放浪民族「ジプシー」の伝承に登場する吸血鬼である。ムッロとは彼らの言葉で「死せる者」という意味である。ジプシーは「死」という現象が単なる生の終わりではなく、悪しき存在の攻撃の結果だと考えており、特に異常な死（自殺や事故死）をとげた者、正しく葬式を行われなかった者は、悪しき存在の攻撃でムッロになってしまうと考えた。

　「死せる者」という曖昧で幅広い名前から連想できるとおり、ムッロの外見や行動は、伝承ごとにまったく異なり一定したものがない。例えばムッロの外見は「人間にそっくりだが、指など体の一部が欠けていたり動物の一部がくっついている」「幽霊のように姿が見えない」「骨がない」「血の詰まった袋のような体」「狼に変身する」など、伝承ごとにバラバラである。

　能力や行動についても同様で、生前の血縁者などを襲って血を吸ったり、物を破壊するという伝承もあれば、「自分を吸血鬼にした相手」を憎み、復讐をするという伝承もある。他人に殺された者は自分を殺した者を攻撃し、正しい葬儀がされないせいでムッロになった者は、葬儀の実行者を襲うのだ。

　また別の伝承では、ムッロは非常に強い性欲を持っている。男性のムッロは生前の妻やゆきずりの女性を襲うなどして性交渉し、子供を作らせる。女性のムッロは、男性のムッロと違って普通の結婚生活を望むのだが、あまりに性欲が強すぎるため、夫は精力が枯れ果てて死んでしまうのだ。

　このように、ムッロの行動についてあえて共通点を求めるとすれば、とにかく人間に対して悪事を働くということくらいしかない。

　ムッロからの害を防ぐ方法は、東欧に伝わる一般的な吸血鬼退治法とほとんど同じで、十字架を家に置いたり、ムッロになった死体の棺に煮えたぎる油を注ぎ込むといった方法などがある。少々変わった退治法としては、ムッロとなった死体の"左足の靴下"を盗むことでもムッロを退治できるのだといわれている。

何でも吸血鬼？　ジプシーの吸血鬼伝承

　ムッロを伝えるジプシーは、スラブ人と並んで、欧州に吸血鬼伝承を広めた存在である。そのためかジプシーの伝承には、ムッロ以外にも多彩な吸血鬼が登場する。

　イスラム教を信仰するジプシーの伝承では、一部の動物が吸血鬼になることがあるという。毒蛇や犬、猫、牛などの死体の上を、ほかの動物が飛び越えると、飛び越

吸血鬼種族

illustrated by 准将

えられた動物の死体は吸血鬼として復活するのだ。同じくイスラム教を信じるジプシーによれば、スイカやカボチャなどの植物も吸血鬼に変化するという（➡p112）。

また、正確には吸血鬼というわけではないが、人間の女性がムッロと交わって産んだ子供、すなわち吸血鬼と人間のハーフは「ダンピール」という特殊な存在になる。彼らダンピールは、吸血鬼の血を引きながら、吸血鬼を狩るハンターとしての能力を持つ存在になるのである（➡p138）。

流浪の民「ジプシー」と吸血鬼小説

ジプシーとは"東ヨーロッパを中心に世界各地に分布している民族"であり、東ヨーロッパ各地はもちろん、インドやエジプトなどにもジプシーとされる人々が住んでいる。彼らはひとつの地域に定住せず、むしろ各地を放浪することを誇りとしていた。東欧の伝承だった吸血鬼の存在が西欧に伝わったのも、180ページで紹介する経緯とは別に、東欧から西欧に移動したジプシーが伝えたものだという説もある。

彼らは「歌」「踊り」「占い」「鍛冶」などを伝統とし、生業としている。また、ジプシーたちは同族以外で結婚することはなく、自分たちと、今自分たちが住む地域に定住する人々を区別することで、民族としての意識を保ってきた。ただし、宗教はその土地で信仰されているものにあわせることも多く、ジプシーには民族独自の信仰を持つ者もいれば、キリスト教徒やイスラム教徒のジプシーもいる。

吸血鬼小説には、ジプシーがしばしばよくない役回りで登場する。『ドラキュラ』ではドラキュラ伯爵の手下として働いているし、ほかの作品でも悪役や怪しい役どころに置かれることが多い。これはジプシーが吸血鬼伝承の伝道者であったとされることや、どこに行っても「よそ者」として差別され迫害されてきたジプシーの社会的地位と無関係ではないだろう。

ちなみに「ジプシー」とは、他民族が彼らを呼ぶときの名前で、日本人が「ジャパニーズ」と呼ばれるのと同種の名前である。彼ら自身は自分たちを「ロマ」「ドム」などと呼んでいる。近年の日本では、ジプシーという呼び方には差別的な意味があるとして、彼らの自称である「ロマ」などの名前で呼ぶように変化してきている。しかしジプシーのなかには「ロマやドムとは違う民族だが、生活習慣が似ていたのでジプシーと呼ばれた」民族もいる。そのため、単にジプシーの言い換えとしてロマ、ドムなどと呼ぶことはできず、非常に扱いにくい名前になってしまっている。

ハンガリーに住むジプシーの母子の写真。20世紀のはじめに撮られたと思われる。

ジプシーの語源は「エジプト人（エジプシャン）」で、彼らが「エジプトからの巡礼者です」と自称してたからって説が有力だけど、ただの勘違いだとか、いいやガチのエジプト人だって説もあって、どれが正解かわかんないんだよね。

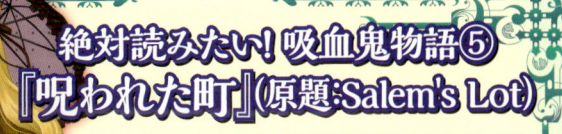

絶対読みたい！吸血鬼物語⑤
『呪われた町』(原題:Salem's Lot)

ここまでの小説って、どれも「吸血鬼が誰かわかっている」ものばかりだったわね。でもこの『呪われた町』は、誰が吸血鬼なのかわからないまま犠牲者が増えていく、見えない恐怖を楽しめる作品だったのだわ！

スティーヴン・キングの最高傑作！

　時は70年代、場所はアメリカの小さな田舎町セイラムズ・ロット。物語は作家のベンジャミン・ミアーズが、幼少期を過ごしたこの町に帰ってきたところから始まる。序盤から中盤にかけては、おもに町に住む人々の生活と思考が赤裸々に描かれており、読み進むにつれて田舎町といえば牧歌的で平和なもの、というお決まりのイメージが、閉鎖的で退屈な陰鬱としたものへとすり替えられる。そしてふいに起きた事件をきっかけに異変が起こりはじめ、小さな町とその住人たちは少しずつ吸血鬼に蝕まれ、破滅へと導かれていく……。

　このように幕を開ける本作は、ブラム・ストーカーの『ドラキュラ』で描かれている吸血鬼の決まりごとを継承した、スティーヴン・キングによる正統派の吸血鬼譚だ。1975年に刊行されるや大きな話題を集め、その翌年には世界幻想文学大賞長編部門の最終候補に選出された傑作でもある。

　この作品が世に与えた影響はすさまじいもので、3度にもわたる映画化の他、本作のオマージュとして書かれ、漫画化・アニメ化もされた小野不由美の純和風吸血鬼ホラー『屍鬼』、そして本作や屍鬼などの影響を受けたホラーゲーム『SIREN』シリーズなど、多数の作品に影響を与えているという所からも見て取れる。

　本作の見どころは、キング作品の特徴とも言える緻密な映像的描写だ。実在の地名や人名、商品名などをちりばめながら、町の様子、登場人物の外面と内面を執拗かつリアルに描写することで、主人公たちはもちろん、滅びゆく町と住人への感情移入を容易とし、同時にその様子をありありと思い起こさせる。

-Book Data-

『呪われた町　上・下』
出版：集英社文庫
作者：スティーヴン・キング
翻訳：永井　淳
価格：762円（税別）

特製ストローでchuchuタイム♪
ウピオル

出典：ロシア・東欧の民間伝承　出身地：東ヨーロッパ　性別：男女両方

トゲを突き刺す吸血鬼

　東欧の民間伝承に登場する吸血鬼には牙がなく、人間の首筋ではなく「胸」から血を吸うとされている。具体的に想像してみると、人間の胸から血を吸うというのが、いかに"やりにくい"ことかがわかるだろう。だがなかには、この「胸から血を吸う」という難しい行動に適した吸血鬼もいる。ドイツの東にあるポーランドの吸血鬼「ウピオル」だ。この吸血鬼には舌の先端に鋭いトゲがついている。これを犠牲者の胸に刺して穴をあけ、血を吸うのだ。非常に合理的なやり方といえよう。

　ウピオルは、吸血鬼のなかでも珍しく、昼間だけ活動する習性がある。夜の大部分は寝ていて、正午から動き出し、真夜中になると眠りにつく。ウピオルは東欧の吸血鬼のなかでも特に吸血行為にこだわりを持っていて、ウピオルが眠りにつく棺桶のなかは常に血液で満たされているという言い伝えがある。ウピオルに杭を刺して滅ぼすと、体のなかに詰まっていた血液が噴水のように噴き出すという。

　ポーランドに伝わるウピオル伝承は非常にバリエーション豊富で、なかには同じ種類の吸血鬼と思えないものもある。例えば以下のような言い伝えがある。

・ウピオルは、誰かが死ぬと3回続けてあらわれる。好物は死者の心臓。十字架を苦手としており、突きつければ立ち去る。
・馬の鞍（馬の背中に人間が座るための道具）にウピオルが触ると、そこから桶2杯ぶんのミルクが流れ出した。
・墓の中で自分の肉を噛んで呪いをかけ、親族を死なせる。
・夜に鐘を鳴らす。死亡時のウピオルと同年齢の者は、この鐘の音を聞くと死ぬ。

ポーランド独特の吸血鬼対策

　ポーランドには、食べると吸血鬼の害を避けられるという「血のパン」という食べ物が伝わっている。その作り方は、「小麦粉に吸血鬼の血液を混ぜ、練って焼き上げる」という、現代の衛生観念では信じがたいものだ。

　もちろん吸血鬼の血液は、滅ぼされた吸血鬼の棺から集められる。血のたまった棺で眠り、杭を打つと大量の血液が噴き出すという、ウピオルが住むポーランドならではの採集方法といえるだろう。

> 同じポーランドの「ウボウル」も、舌の先にとげがついている吸血鬼だよ。ただこのウボウル、血を吸うことはあるんだけど、普段食べるのは家畜の糞で、人間の血はあんまり好物じゃないみたい。

吸血鬼種族

illustrated by OrGA

視線一閃、集落壊滅
ネラプシ

出典：スロバキアの民間伝承　　出身地：ゼンプリン地方（スロバキア）　　性別：男女両方

視線で殺す吸血鬼

　東ヨーロッパに古くから伝わる吸血鬼たちは、民衆にとって非常に危険な存在であり、吸血鬼がひとり出ただけで村が滅ぶとすら信じられていた。なかでも、東ヨーロッパ内陸部にあるスロバキア共和国のゼンプリン地方に伝わる「ネラプシ」という吸血鬼は非常に危険な存在だ。この吸血鬼は、血液を吸わずとも呪いの視線でひとにらみしただけで人間を殺す「無差別大量殺人」が特徴の吸血鬼なのだ。

　ネラプシの外見は、肌の色は普通の人間と同じだったり、墓の中でも目が開いているなど、一般的な東ヨーロッパの吸血鬼とほぼ同じだが、「頭にふたつの"つむじ"がある」という独特の特徴がある。この"ふたつのつむじ"は、ネラプシに「ふたつの心臓」があるせいでできるらしい。隣国ルーマニアのストリゴイイ（→p92）を見てもわかるように、心臓が2個あるというのも伝承の吸血鬼によく見られる象徴だ。

　ネラプシの特徴である邪眼は非常に強力なものだ。一般的に視線の力で相手を呪う怪物は、相手と目線をあわせたときに術をかけるのが普通だが、ネラプシの場合は視線をあわせる必要がないと思われる。ネラプシの伝承では、「目に入る範囲内の生き物すべてを殺す」とされているからだ。しかも伝承によればネラプシは、この能力を「教会の塔の上」から使用する。町全体を見渡せる見晴らしのいい場所から邪眼を使えば、ひとにらみで町を壊滅させることすら可能だろう。

ネラプシの予防法

　生前につむじが2つあった者は、死後ネラプシになる。そのため、死亡後はネラプシにならないように、念入りな対策をする必要がある。

　対策のひとつは、ケシの実やキビなどの雑穀を、鼻や口につめたり墓穴や墓地のまわりにまくという、吸血鬼の行動を封じる手段として広く有名なものだ。もうひとつはネラプシ対策独特のもので、「遺体をおさめた棺を家から出すとき、門口（扉のまわりの建材）に当てない」「かならず頭から外に出す」という作法である。

　さらに過激な方法としては、遺体の頭や心臓に、リンボクやセイヨウサンザシという木でできた杭を打ち込んで復活できなくしたり、遺体の髪の毛や脇腹、服などに釘を打ち込んで棺に固定し、吸血鬼化しても起き上がれないようにするという。

> えっ、死体がネラプシにならないようにするには、杭ではなく帽子の止めピンを刺す方法もあるんですか。……じゃあ、さっきシェリダンさんからもらったこの止めピンは、プレゼントじゃなくて……。

吸血鬼種族

illustrated by らすけ

血が吸えないなら服を食べればいいじゃない
ナハツェーラー
出典：ヨーロッパ北部の伝承　出身地：ドイツ　性別：男女両方

墓のなかから人間を呪う吸血鬼

　民間伝承の吸血鬼は、墓から這い出して人間を襲う。そのため東欧では吸血鬼が棺から出られないように対策をとるのだが、墓から出さなければ安全かというとそうとも言い切れない。例えばドイツの吸血鬼ナハツェーラーは、墓の中にいながらにして地上の人間を攻撃する、遠隔攻撃の力を持っているからだ。

　ナハツェーラーは、墓から這い出すと豚の姿をとり、生前の家族から血を吸うという。また、教会の鐘を鳴らして音を聞いた者全員を殺したり、自分の影をほかの人間の影と重ねて、重なった相手を呪い殺す能力も持っている。

　ナハツェーラーが墓から出られない場合、ナハツェーラーは空腹になり、自分が着ている死装束（屍衣"shroud"）を食べ始め、さらには自分の肉体まで食べてしまう。これだけなら無害に思えるのだが、ナハツェーラーが死装束や自分の体を食べ始めると、なぜか生前の家族から生命力が徐々に失われ、衰弱して死にいたるのだ。

　このように呪いをかけているナハツェーラーを探すのは難しい。ドイツで特にこれといった理由もなく家族が衰弱しはじめたら、ナハツェーラーになってしまった親族が墓地にいないかどうかを調べなければいけない。

ナハツェーラーの撃退法

　この吸血鬼を退治するには、まず墓地へ行き、衣服を食べる咀嚼音がする場所を探す。音のする棺を見つけたらフタを開けるが、このとき中の遺体が、片手の親指をもう片方の手で握り左の目が見開いていたら、遺体がナハツェーラーになった証拠だ。

　ナハツェーラーになった死者を見つけたら、口の中にコインを詰め、斧で首を切断する。そして死装束の布地から、名前の書いてある部分を取り除く。こうすればナハツェーラーは滅び、二度と人間を襲うことがなくなる。

　死者がナハツェーラーにならないための予防策も重要だ。ナハツェーラーは、棺のなかで屍衣や自分の肉を食べて吸血鬼になるので、口の上に屍衣が載らないようにする方法や、死者の口の中に小石やレンガなどを入れ、口を閉じられないようにする対策がとられる。ほかにも、あらかじめ喉をハンカチなどできつく締めておき、食べたものが喉を通らないようにするという対策法がある。

> ナハツェーラーみたいに「墓の中から音がする」現象は、瀕死の人間を「死んだ」と勘違いして埋葬してしまうことが原因……ちょっと待って！　その「吸血鬼退治」いますぐストーップ！　まだ生きてるよーっ！

吸血鬼種族

illustrated by cis

おっぱい大好きヴァンパイア♡
アルプ

出典：ドイツの民間伝承　　出身地：ドイツ　　性別：不明

肉体をもたない吸血鬼

　ドイツの吸血鬼アルプは、小説や映画に登場する吸血鬼とも、東ヨーロッパの吸血鬼とも違った特徴を持つ、風変わりな存在だ。

　例えば一般的な吸血鬼は、死体が復活して動き出した怪物や、ほかの吸血鬼に血を吸われた犠牲者である。だがアルプは、生ける死体というよりは霊的存在が実体を持ったものなのだ。その正体は伝承ごとにさまざまで、「死者の霊」のこともあれば「人間の恐怖や悪夢が形になったもの」「実体化した悪霊」だとする場合もある。

　人間から血を吸う方法も独特だ。一般的に、民間伝承にあらわれる吸血鬼は、人間の胸部から血を吸うことが多いが、アルプの場合は「乳首」から血を吸う。特に女性や牛の乳首から吸う血が好物らしい。

　アルプには、怪力、悪夢を見せる目線、寝ている人間の口から侵入して苦痛を与える、などの特殊能力がある。また、動物に変身したり、透明になることもできる。この能力の影響もあり、アルプの正体がどのような姿なのかはほとんど知られていない。唯一わかっているのは「帽子をかぶっている」ということだ。

　アルプには心臓がないため、吸血鬼退治でおきまりの「心臓に杭を刺す」という退治法が通用しない。ただし、アルプが嫌いな"鉄"製品を身につけたり、靴のつま先を寝室の扉に向けてベッドの横に置けば、アルプの害を避けられるという。アルプの最大の弱点は、特殊能力のほとんどを帽子の力に頼っているため、帽子を失うと吸血鬼としての能力をほとんど使えなくなってしまうことだ。そのためアルプは、帽子を拾ってくれた人間には気前よくお礼をすると言われている。

もともと妖精だった吸血鬼

　アルプの特徴が「吸血鬼のセオリーから外れている」理由は非常に単純である。実はアルプは、もともと吸血鬼ではなかったのだ。

　アルプが吸血鬼と信じられるようになったのは、俗にヨーロッパで「中世」と呼ばれる、騎士と貴族が活躍した時代からだ。それ以前のアルプは、山の地下に住み、金属細工を得意とする、いわゆる「妖精」だった。伝承によっては、アルプはドイツの民間伝承などに登場する小人の妖精「ドワーフ」の仲間だとされている。

　アルプの性別が不明となっているのは、本当の姿が人間には見えないからです。一部には、女性の乳首から血を吸ったり、女性の夢の中で精気を吸うことから、アルプは男性だと考える説もありますよ。

吸血鬼種族

illustrated by エイチ

スイカの赤は血の赤だ！
吸血スイカ＆吸血カボチャ
出典：ジプシーの民話　出身地：旧ユーゴスラビア　性別：植物

植物が変化した吸血鬼

　吸血鬼とは、墓からよみがえり、家畜や人間の血を吸う死者のことだ。だが場合によっては、人間以外のものが吸血鬼になることもある。それは人間でなければ動物でもなく、植物である。ヨーロッパの放浪民族ジプシーの伝承によれば、スイカやカボチャは吸血鬼になることがあるのだ。

　この吸血鬼は、セルビアやクロアチアなど、かつて「ユーゴスラビア」と呼ばれていたバルカン半島西部地方に住むジプシーたち（→p102）が語り継いでいるものだ。いわく、クリスマスを10日過ぎるか、収穫せずに長いあいだ放置していたスイカは、吸血鬼になってしまうのだという。吸血鬼になる植物はスイカだけではなく、メロンやカボチャなど、大きな実をつけるウリ科の植物はみな吸血鬼になる可能性があるという。

「吸血鬼化したスイカ」の表面を拡大した写真。ウリ科の植物にはよく見られる現象だ。

　吸血鬼化したスイカはどのくらい危険なのか？　結論からいうと、吸血鬼化したスイカは人間にとって危険な存在ではない。手も足も口もないのだから、血を吸えないのはもちろん、危険なことができるわけもない。せいぜい、夜中に奇妙な音を立てたり、ごろごろと転げ回って人間を困らせる程度の無害な吸血鬼である。

　そもそもスイカの吸血鬼化とは、右上の写真のようにスイカの表面に血管のような模様があらわれ、赤い液体がにじみ出す現象を、吸血鬼と勘違いしたものなのだ。

「血」にまつわる植物

　現実世界には、体内に入り込んだ虫の体液を吸う「食虫植物」は存在するが、人間の血を吸う吸血植物は実在しない。だが、組織を切ったときに赤い液体が出てくる植物は、「血」にまつわる名前を持っていることがある。

　代表的なものは、インド洋の島に生息する「竜血樹」という巨木である。この木の樹皮を傷つけたときに出てくる樹液は赤い色をしており、これを乾かして結晶化させたものが外傷治療薬や染料として利用されていた。

> 植物の姿の怪物というと「ジャック・オ・ランタン」が有名ですかね？
> ただあれは、火の玉みたいな妖精を、カブやカボチャをくりぬいたランタンで表現してるだけで、実際に植物が怪物になるわけじゃありませんよ。

吸血鬼種族

器物の吸血鬼

> スイカやカボチャが吸血鬼になるなんて……！
> 私たち吸血鬼は、みな人間が変化した者だと思っていたけれど、そうではないのね。生き物ならなんでも吸血鬼になりそうな勢いなのだわ。

> お嬢様、驚くのはまだ早うございます。
> 我ら吸血鬼の血族のなかには、植物どころか「椅子」や「農具」から吸血鬼になった者もおりますので。

> 椅子に農具！？
> ど、どういうことなの……もはや人間どころか生き物ですらないのだわ！

　民間伝承では、人間の死体以外にも、さまざまなものが吸血鬼に変化する。左のページでは植物が吸血鬼になる例を紹介したが、実は動物でも植物でもない、無生物すら吸血鬼になるのである。

吸血鬼の椅子

　イギリス西部のウェールズ地方には、吸血鬼になった椅子の伝承がある。この椅子は自分に座った人間から血を吸い、その体に噛み痕を残すのである。なかには椅子に座った老人から血を吸って、吸血鬼にしてしまったというパターンの伝承もある。
　吸血鬼となった椅子の伝承は、アメリカのテネシー州にも残っている。

農具の吸血鬼

　東欧に住む民族ロマ族（ジプシー）の伝承で吸血鬼になる無生物は、農具の木製部分である。
　長い棒の先端に刃がついていて、地面を耕すのに使う「鋤（すき）」や、穀物の種皮をはがすのに使う長い棒状の農具「から竿」の木製部分は、3年間ほったらかしにしておくと吸血鬼になってしまうのだ。

> んー、道具をほったらかしにしておくと吸血鬼になるって、どこかで聞いたような気がするんだよね……あっ、わかった。イギリスに「道具を粗末にすると妖精にいたずらされるぞ！」っていう昔話があったよ。

> なるほど……そういえば私も神父様に聞いたことがありますね、極東のニホンという国では、古い道具をいいかげんに使うと、「妖怪」というモンスターになって人間に復讐をしにくるのだそうです。

> うわー、そっくりだ～。もしかしてこれって、大事な農具をきちんと手入れしない人に手入れをさせるために、吸血鬼をダシにつかったとかそういう話しだったりしない？　いや、証拠はぜんぜんないんだけどさー。

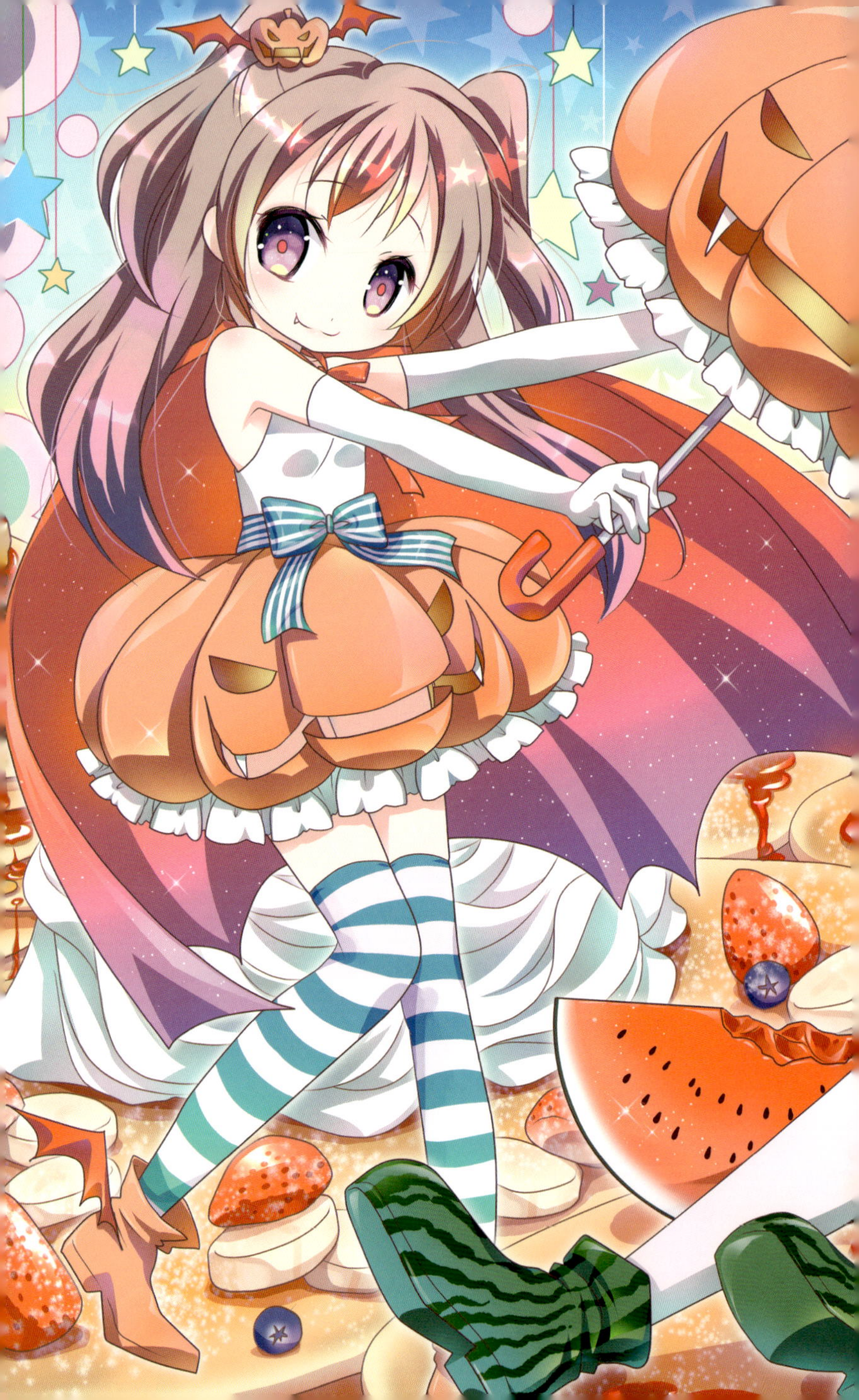

illustrated by あみみ

絶対読みたい！吸血鬼物語❻
『地球最後の男』
（原題：I Am Legend）

私たち吸血鬼は、人間などよりずっと強力な存在だけれど、数については人間のほうが圧倒的に多いのだわ。じゃあ、もしも人間よりも吸血鬼のほうが多くなったら、世界はいったいどうなるのかしら？

もしも全人類が吸血鬼になったら……？

世界規模の大災厄で人類は滅亡した──ただし、ここにいるひとりを除いて。

「感染者を確実に死へ追いやり、のちに吸血鬼として蘇らせる」という謎のウイルスが全世界を襲い、やがてすべての人間が吸血鬼と化した。だが、主人公ロバート・ネヴィルはなぜかウイルスに感染せず、人類ただひとりの生き残りとなってしまう。

「主人公、あるいは主人公一行以外の、すべての人間が異形の存在と化し」、「ただひとり、あるいは数少ない、生き残った人間である主人公を襲う」という本作の設定は、数多くの類似作品たちの本家本元である。藤子・F・不二雄による短編漫画『流血鬼』を代表とするオマージュ作品をはじめ、ゾンビ作品、ホラー作品など、幅広い創作物に、本作品は今でも大きな影響を与え続けている。

本作品には、吸血鬼作品であると同時に「多数派であったものが、気づかないうちに少数派になると一体何が起きるのか」というコンセプトが存在する。ロバートは当たり前のように家を修理し、ニンニクを軒先にぶらさげ、いらいらすれば家の前で騒ぐ吸血鬼に容赦なく鉛の弾を撃ち込む。必要となればワゴン車で町へ向かって食料や各種物資を調達し、そのついでに自身を狙う吸血鬼どもの心臓に杭を刺してまわる。そう、自分自身が人間として生き延びるためだけに。だがしかし、すでに地上は吸血鬼が多数派なのだ。原題でもある『I Am Legend』の持つ意味と物語の結末は、どうかあなたの目でたしかめてほしい。

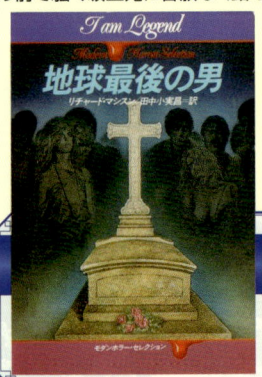

吸血鬼種族

-Book Data-
『地球最後の男』
出版：ハヤカワ文庫
作者：リチャード・マシスン
翻訳：田中　小実昌
価格：500円（税別）　　品切中

神話・伝承の吸血鬼
Vampires in Mythology & Forklore

　もともと吸血鬼とは、東ヨーロッパに住む一般大衆に信じられてきた怪物です。この章で紹介しているのは、物語のために創作された吸血鬼ではなく、神話や民話の中で語り継がれてきたものや、大衆に"実在する脅威"として恐れられてきた吸血鬼たちです。

illustrated by 皐月メイ

ラミア

人間と吸血鬼の知恵比べ
ダカナヴァル

出典：アルメニアの民間伝承　　出身地：アルメニア　　性別：不明

カカトから血を吸う吸血鬼

　吸血鬼といえば「首すじから血を吸う」ことでおなじみだが、これはあくまで文学作品によって広まったもので、神話や伝承に登場する吸血鬼が、首から血を吸うことはまずない。東欧などの民間伝承の吸血鬼は、たいていの場合胸から血を吸う。

　一部の民間伝承には、さらに珍しい部位から血を吸う吸血鬼もいる。東ヨーロッパよりさらに東、トルコの東にある小国アルメニアに伝わる吸血鬼「ダカナヴァル」だ。ダカナヴァルは、人間の「カカト」から血を吸う物語で、アルメニアでもっとも有名になった吸血鬼の１体なのだ。

　吸血鬼ダカナヴァルが活躍する民話によれば、ダカナヴァルはアルメニアの高い山「ウルトミシュ・アルトーテム山」に住んでいた。縄張り意識がとても強い吸血鬼で、自分の縄張りに入ってきた者をとことん追い詰めたあと、カカトから血を吸って殺すことで知られていた。

　あるとき、ふたりの旅人がダカナヴァルの住む山を訪れた。彼らはこの山に吸血鬼ダカナヴァルがいることを知っていたので、眠るときにちょっとした策略を使った。ふたりは、おたがいの足を枕代わりにして寝て、外からカカトが見えないようにしたのだ。この作戦は見事に成功。侵入者に気づいたダカナヴァルは、ふたりの人間から血を吸おうと近寄ってきたが、カカトが見あたらないことに驚いて、「自分はこの山の366の谷を踏破したが、ふたつ頭があって足がない人間に出くわしたことはない」とつぶやき、山から去っていったという。

足から血を吸う怪物たち

　"カカトから血を吸う"吸血鬼は非常に珍しいが、ダカナヴァルだけというわけでもない。アルメニアよりさらに東、中国のすぐ西にある国キルギスには、「マスタン」という老婆の姿をした吸血鬼の伝承がある。この吸血鬼もまた、ダカナヴァルと同じように足のカカトから血を吸うのだ。

　中東の国イランにいる「グール」という怪物には、カカトではないが"足の裏"から血を吸って人間を殺すという伝承がある。グールは近年のゲームなどの影響で、動く死体の怪物と誤解されがちだが、本来の伝承では変身能力を持つ悪魔である。

> ダカナヴァルが出るアルメニアと、マスタンが出るキルギス、グールが出るイランは、国をふたつ挟んだ比較的近い位置にあります。同じ足からから血を吸う怪物どうし、何らかの関係があるのかもしれませんね。

illustrated by ムロク

呪いが解けたら美白肌♪
吸血鬼王女

出典：民話『吸血鬼になった王女』　出身地：ポーランド　性別：女性

吸血鬼になった王女様

　若者が冒険に成功し、お姫様と結婚するというのは、昔話の王道だ。だがこれに吸血鬼という要素が加わると、物語は陰惨な内容に様変わりする。東ヨーロッパ北部の国ポーランドに伝わる『吸血鬼になった王女』という民話は、王女が吸血鬼になり、城の人間を食い殺すという恐ろしい物語だ。物語には王女の名前が登場しないので、このページでは彼女を「吸血鬼王女」と呼ぶ。

　この物語にはいくつものバリエーションがあるので、まずは基本的な設定から紹介しよう。彼女はポーランドの王女だったが、若くして死に、吸血鬼となってしまった。王様は王女が眠る棺を見張るために兵士を派遣するが、その兵士は毎回、復活した吸血鬼王女に、吸血、毒殺、首締めなどで殺されてしまうのだ。

　王女が吸血鬼として活動するのは、深夜12時からニワトリが朝を告げるまでの数時間で、この時間までに棺の中に戻る必要がある。活動中の王女は、城の礼拝堂を壊したり、吸血鬼を100人呼び出して舞踏会を開くなど好き放題に振る舞う。

　吸血鬼王女の弱点は、祈祷書のような神聖なアイテムを越えて進めないこと、祈りの言葉に弱いことなどだ。また「チョークで描いた円の中にいる人間を見つけられない」「埋葬時の服をそのまま着ないと棺に戻れない」という弱点を持つ物語もある。

吸血鬼王女の倒し方

　吸血鬼王女の末路には、王女が成仏するパターンと、生き返るパターンがある。

　前者の場合は、王女が吸血鬼となった原因（呪い）を解決する必要がある。あるパターンでは、吸血鬼化の原因は、王女に贈られた「貧しい人々から奪った品物」だった。これを持ち主に返し、儀式をすれば王女の魂を解放できる。

　後者の生き返らせる場合は、吸血鬼王女を棺に戻さないことが重要だ。なぜなら彼女の棺こそが、吸血鬼の力の源だからだ。ある物語では、棺の監視を命じられた名もなき兵士が、王女が棺から起き出したあとに棺の中に入ってフタを閉め、そのまま居座ることで王女を人間に戻している。この物語の王女は、呪いを受けて生まれたため肌が黒かったのだが、呪いが解けたことで肌が白くなり、人間として復活。彼女の呪いを解いた勇敢な兵士と結婚し、末永く幸せに暮らしたという。

> 王女様が吸血鬼になった理由は、「民からの搾取」で呪われたもののほかに、王女様が生前にひどい扱いを受けていたせいで、恨みが高まって吸血鬼になったのもあるよ。種類が多すぎて目が回りそう……。

神話・伝承の吸血鬼

illustrated by おにねこ

乗船料は生命でいかが？
イワン・ワシリー号

出典：『見えない水平線』（著：ヴィンセント・ガディス／1965年アメリカ）　出身地：ロシア　性別：無生物

乗組員を次々と殺した恐怖の船

　吸血鬼になるのは生き物だけではない。ロシアで1897年に完成した蒸気船「イワン・ワシリー号」は、実在した「吸血鬼船」として知られている。この船が紹介されているのは、バミューダトライアングルという名前を初めて使ったと言われる超常現象研究家「ヴィンセント・ガディス」が書いた『見えない水平線』という本だ。

　就航当初はなんの問題もなく航海を続けていたイワン・ワシリー号だったが、6年後の1903年、いきなり乗組員に牙を向いた。乗組員は身体の奥からしびれるような悪寒に悩まされ、突然体が麻痺したり、原因不明の恐怖にとりつかれるなど、身体と心に異常をきたすようになる。さらに、船の甲板の上に人間型の炎や霧の塊のようなものが出現するようになり、それを見た乗組員が発狂して廃人になったり、ときには命を落とすようになったのだった。

　船員の相次ぐ不幸に気を病んだのか、はたまた船の呪いか、船長がたてつづけに3人も自殺してしまうと、この船の舵を取ろうという人間はいなくなってしまった。結局、乗組員の命を吸い取る吸血鬼として恐れられたイワン・ワシリー号は、生き残った船員が見守るなかで焼却処分されてしまった。

イワン・ワシリー号と『ドラキュラ』

　イワン・ワシリー号の就航と同じ年に発表された小説『ドラキュラ』には、この船の悲劇を予知するかのように、難破船「デミテル号」の物語が書かれている。
　『ドラキュラ』に登場するデミテル号の物語は、イギリスの港町ホイットビーに乗員不在で流れつき、幽霊船として話題になった実在の難破船「デミトリ号」をモチーフに作られたものである。

　作中でデミテル号は、生きている乗員が不在、船長が船の舵輪に縛り付けられて死んでいる状態でイギリスに流れ着いた。

　実はデミテル号には、吸血鬼ドラキュラの寝床となる「泥の入った棺」が積み込まれていた。そしてドラキュラ伯爵は、イギリスまで航海するあいだ、デミテル号の乗員を襲って食料代わりにしていたのだ。こうしてイギリスにたどりついたドラキュラは、ロンドンの街で暗躍するのである。

神話・伝承の吸血鬼

> 吸血鬼はふつう人間が死んでからなるものだと思っていたけど、113ページの内容といい、物が吸血鬼になることも結構あるのね。クラウス、今度館に招待してちょうだい、どんな者たちか気になるのだわ。

illustrated by PANDA

死んでも旦那様に尽くします♥
サモス島のヴリコラカス

出典：『現代ギリシャの民間伝承と古代ギリシャの宗教』（著：ジョン・ローソン）
出身地：サモス島（ギリシャ）　性別：男性

人間を襲わない吸血鬼

　吸血鬼（vampire）という言葉は、ふつう「人間の血を吸う死者」のことを指す。だが吸血鬼研究の本場である欧米では、血を吸わない「動く死者」にも"vampire"の名前を使うことが少なくない。その一例が、ギリシャの東側にある美しい海「エーゲ海」に浮かぶ島、サモス島に伝わっている。この吸血鬼（ヴリコラカス）は、人間から血を吸わないばかりか、人間の仕事を手伝うお役立ち吸血鬼なのだ。

　「サモス島のヴリコラカス」は、生前は地主から借りた土地を耕す"小作人"だった。単純かつ真面目な性格で、地主のことを尊敬してよく働いていたという。

　ところがある日、小作人は死んでしまい、その日のうちに（誰にも気づかれず）吸血鬼としてよみがえったのだ。

　吸血鬼になった小作人は、毎日夜中に墓から出て、地主がやり残した農作業をこっそり手伝うようになった。地主は仕事があまりに早く進むのに驚くばかりで、吸血鬼の存在には気づいていなかったが、飼っている牛が弱っているのを見つけた。実はこの吸血鬼は、毎晩寝ている牛を起こして畑を耕させていたので、不眠不休で働き続けた牛がダウンしてしまったのだ。これがきっかけになって、小作人が吸血鬼になったことが明らかになり、小作人は墓をあばかれて滅ぼされてしまった。

「サモス島のヴリコラカス」は吸血鬼か？

　サモス島のヴリコラカスは、その名のとおり84ページで紹介した吸血鬼種族「ヴリコラカス」のひとりである。

　84ページでも説明したとおり、ヴリコラカスのなかには、スラブ人の吸血鬼文化を受け継ぐ「血を吸うヴリコラカス」と、ギリシャの先住民族ヘレネス人の伝承を受け継ぐ「血を吸わないヴリコラカス」がいる。よみがえった死体でありながら、人間の血も家畜の血も吸わない「サモス島のヴリコラカス」は明らかに後者であり、本書の定義上は吸血鬼に含まれない存在だ。

　だが当のギリシャでは、ヴリコラカスの性質を「血を吸うか吸わないか」で区別することはほとんどない。人間を襲おうが、人間のために働こうが、ヴリコラカスはヴリコラカスなのである。

> 東欧南部の吸血鬼は生前の妻に夜這いをかけるとは聞いたけれど、ギリシャには妻以外の女性に性交を迫る節操なしまでいるらしいわね。あなたねえ、吸血鬼なら血を吸いなさいな。

神話・伝承の吸血鬼

illustrated by 鈴根らい

女は誰でも吸血鬼?
ラミア
出典：ギリシャ神話　出身地：リビア　性別：女性

子供を襲う蛇女

　ギリシャにはヴリコラカス（→p84）やカリカンザロス（→p88）のように多くの吸血鬼伝承がある。一方でギリシャでは、女吸血鬼のことを「ラミア」と呼ぶことがある。これを聞いて、神話にくわしい人なら疑問に思うかもしれない。本来ラミアとはギリシャ神話に登場する「下半身が蛇になった女性」の姿の怪物であり、人間を襲うという特徴こそあるが、吸血鬼とは関係のない存在のはずなのだ。

　このページでは、神話上の生物であり吸血鬼と関係がないラミアが、どうして吸血鬼を意味する言葉になったのかを追跡していこう。

ギリシャ神話でのラミア

　まず最初に、ギリシャ神話におけるラミアとはどんな怪物だったのかを知っておく必要があるだろう。ギリシャ神話はきちんと体系立てられたものではなく、ギリシャの各地で語られていた神話的物語の寄せ集めである。そのため、ラミアの特徴や出自については、いくつもの異なる説がある。

　特に有名な物語によれば、ラミアはもともとリビア（北アフリカ）の美しい女王であったという。彼女はその美貌ゆえに、無節操な女好きとして有名なギリシャ神話の主神「ゼウス」に惚れられ、

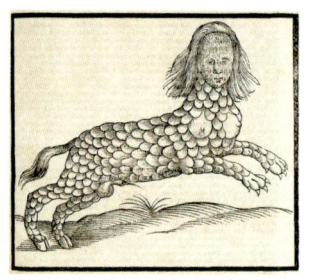

1607年に発表された『四足獣誌』に描かれたラミア。

彼との子供を産んだ。しかし、ゼウスの浮気に激怒したその妻ヘラがラミアの子供たちを殺し、さらにラミアを「上半身は女性だが下半身が蛇」の怪物の姿に変えてしまったのである（なお、怪物となったラミアの姿は「蛇とヤギと人間の混合体」という説もある。右上の画像参照）。

　怪物となったラミアは、子供を失った悲しみで発狂してしまった。こうして彼女は、寝ている子供を襲っては血をすすり、肉をむさぼり食う怪物となってしまったのだ。「血をすすり」という部分が吸血鬼的であるのは事実だが、吸血鬼とは「死体が動き、血を吸う」存在だと定義されるため、やはりギリシャ神話の本来のラミアは、吸血鬼とは似て非なる存在なのである。

　ちなみに別の物語では、ラミアはアフリカの砂漠に潜み、口笛のような音色の音を出して旅人を誘い、捕まえて食ってしまうともいわれる。

illustrated by はんぺん

古代のラミア伝承

　ギリシャ神話の物語群は、古いものでいまから3000年前、新しいものでも1800年ほど前という昔に、各時代の詩人たちによって作られたものだ。しかし時が過ぎていくうちに、ギリシャでは神話の物語とは違う、まったく新しいラミアの伝承が民衆のあいだで語られるようになっていく。

　例えば古代ギリシャや、ギリシャ文化を受け継ぐ古代ローマでは、子供をおどかすためにラミアの名前が使われた。言うことを聞かなかったり泣いたりする子供に「ラミアが来て食べてしまうよ」などと言って、大人の指示通り行動させたのだ。

　2～3世紀ごろのギリシャの作家フィロストラトスが書いた伝記『フィアナのアポロニウスの生涯』には、少し変わったラミアの物語が収録されている。

　これによると、ある若者が美しい女性と出会い、彼女の自宅に誘われる。そこで彼女ははやくも結婚を申し込み、男性は了承した。しかし結婚式のとき、式に出席していたアポロニウスという人物が、女性の正体を「女性は蛇、すなわちラミアであり、彼女の住む家や家具などはすべて幻影だ」と看破した。

　正体を見破られた女性は黙っていてくれとアポロニウスに懇願するが、彼の意志は変わらない。すると、女性は結婚相手の男性を食うつもりであったことを白状し、彼女も家もあらゆるものが一瞬ですべて消え失せてしまったという。

　この出来事は街中で起き、何千人もが目撃した現実の話だと書かれているが、もちろん真相は不明である。

中世以降のラミア伝承

　この神話が生まれてから1000年近い時間が過ぎ、中世と呼ばれる時代になると、ラミアは「砂漠ではなく森に住み、夜になると活動をはじめて、自分の縄張りに入ってきた人間を襲う」という習性で語られるようになった。

　このように、神話上のモンスターであったラミアは神話から離れたところでも語り継がれており、神話の怪物というよりは民話の怪物といったほうがふさわしい存在になっていく。ちょうど日本人が、化けダヌキや河童などを「妖怪」と呼ぶのと同じように、ギリシャではラミアという言葉が、「魔女」や「女吸血鬼」、そして男性を性的に誘惑する存在「淫魔（サキュバス）」のような、女性の姿をとるモンスターを意味する総称としても使われたという。最終的にラミアの意味はさらに広がり、人間の売春婦を指して「ラミア」と呼ぶようにもなった。

　ラミアが吸血鬼の総称になったのは、このような経緯からである。つまり吸血鬼のことをラミアと呼んだのではなく、女性型の怪物をまとめてラミアと呼んだ結果、女吸血鬼のことを「ラミア」と呼ぶようになったというわけだ。

神話・伝承の吸血鬼

　ちなみにギリシャ神話には吸血鬼っぽい怪物がほかにもいるよ。鷹の爪とコウモリの羽が生えた「エンプーサ」っていう女性型の怪物で、寝ている男性の寝室に忍び込んで血を吸うか、性行為をしたあと殺しちゃうんだ！

吸血鬼ハンター
Vampire Hunter

　東欧の民衆たちは、吸血鬼を恐れるあまり、吸血鬼についての専門的知識を持ち、吸血鬼たちに立ち向かう専門家を生み出しました。それが「吸血鬼ハンター」です。この章では、現実に存在した者と、創作作品で活躍する者から、4組の有名な吸血鬼ハンターを紹介します。

illustrated by 皐月メイ

ヴァン・ヘルシング

"吸血鬼ハンター"とは?

吸血鬼は人間を襲う存在だ。
でも、人間のほうだって黙ってやられてばっかじゃいられない。吸血鬼に立ち向かう人間だっているんだよ。
それがボクたち、吸血鬼ハンターなんだ!

"吸血鬼ハンター"ってどんな人?

吸血鬼ハンター……私たち吸血鬼の天敵というわけね。
あなたたちはどんな能力で吸血鬼と戦うの? 剣技? 魔法? 神の奇跡?
ただの人間が私たち吸血鬼に勝てるとは思えないのだわ。

魔法も奇跡もいらないし、そもそも吸血鬼と直接戦うなんて無茶すぎるよ。
ボクたち吸血鬼ハンターに必要なのは、魔法でも戦闘技術でもなくて、吸血鬼についての深い知識と、立ち向かう勇気だけさ。

待ってください! 奇跡が不要というのは聞き捨てできませんよ。
吸血鬼には常に、我らが主の威光が有効じゃありませんか。キリスト教への信仰心も、吸血鬼ハンターさんにとって有効な武器のはずです!

　吸血鬼をテーマとする創作作品には、しばしば、吸血鬼と戦う専門家が登場します。彼らこそ吸血鬼の天敵、**吸血鬼ハンター**です。しかしこの名前は、彼らの活躍を見た後世の人々が作った呼び名であり、古典的な作品では「吸血鬼ハンター」という名前を見ることはありません。

　このような経緯から、どのような能力、技術を持つ者が吸血鬼ハンターと呼ばれるのかは明確に定義されていません。一般的には以下のような能力を持つ人物が、吸血鬼ハンターと呼ばれています。

・**吸血鬼についての幅広い知識を持つ**
・**吸血鬼に立ち向かう強い意志を持つ**

吸血鬼ハンターによる吸血鬼退治を描いた版画。19世紀中期ごろの作品。

吸血鬼ハンターの七つ道具

物語に登場する吸血鬼ハンターたちは、吸血鬼を退治するための道具をカバンにおさめています。これを「吸血鬼退治の七つ道具」と呼ぶことがあります。

ただし「七つ道具」とは日本語の慣用表現であり、カバンの中には7つ以上の道具が入っていることも珍しくありません。

「七つ道具」の中身の一例

- 杭とハンマー
  吸血鬼にトドメを刺す
- 鏡
  吸血鬼と人間を判別
- 十字架、聖水、ニンニク
  吸血鬼が嫌う物品
- ノコギリ
  吸血鬼の首を切る道具
- ロープ
  遺体を縛って吸血鬼化を防ぐ
- バール
  棺をこじ開ける道具
- ランプ、懐中電灯
  墓地探索の必需品

> ちなみに、ここで書いてある七つ道具は、東欧の民間伝承でも、吸血鬼退治に使われた由緒正しい道具なんだ。使い方は168ページからの「吸血鬼退治の5ヶ条」でチェックして！

民間伝承の吸血鬼ハンター

『吸血鬼ドラキュラ』のヘルシング教授が行うような、創作における吸血鬼退治法は、東欧の伝承で有効だとされていた吸血鬼対策の一部を参考にしています。実際の東欧の吸血鬼退治では、創作よりも多彩な方法で吸血鬼退治が行われました。彼らの吸血鬼対策には呪術的なものが多く、彼らは人々に気味悪がられながらも頼られていました。

東欧では、吸血鬼に立ち向かうことができるのは、生まれながらにして特別な才能を持つ者だけだとされていました。実例をあげると、右のような特別な状況で生まれた赤ん坊に、吸血鬼と戦う力が宿ると考えられていました。

吸血鬼と戦える子供の条件

吸血鬼の子供

男性の吸血鬼が人間の女性に子供を産ませた場合、その子供は「自分の父親」である吸血鬼を滅ぼすための特別な能力を身につけているとされます。(➡p138)

「羊膜」に包まれたままの出産

人間の胎児は、母胎の中で「羊膜」という薄い膜に包まれており、出産時には羊膜を破って生まれてきます。ですがまれに、体が羊膜に包まれたままの子供が生まれることがあります。東欧では、このような子供は生まれつき吸血鬼に対抗できる力を持っていると考えていました。(➡p142)

土曜日に生まれた

キリスト教社会では、土曜日は「聖母マリアに捧げられた日」であり、一週間のなかで悪の活動がもっとも弱まる日だと考えます。そのため土曜日生まれの人は「サバタリアン」と呼ばれ、吸血鬼に対抗できると考えられていました。

吸血鬼のことは博士におまかせ！
エイブラハム・ヴァン・ヘルシング

出典：『ドラキュラ』（著：ブラム・ストーカー／1897年イギリス）　出身地：オランダ　性別：男性

もっとも有名な吸血鬼ハンター

　エイブラハム・ヴァン・ヘルシング（以下、ヘルシング）は、ブラム・ストーカーの著作『ドラキュラ』に登場し、吸血鬼ハンターの代表格として知られる人気キャラクターだ。ヘルシング教授の描かれ方は作品ごとに大きく違うので、ここではまずブラム・ストーカーの原作小説版のヘルシング教授を紹介しよう。

　ヘルシングは、オランダにあるアムステルダム大学で教授の地位にある老紳士で、医学の分野において博識を知られる人物だ。中肉中背のがっしりとした体つきで、赤い髪をうしろになでつけている。顔はパッチリとした青い瞳の上に太い眉毛が乗り、角張ったアゴと広いおでこ、大きな口が特徴である。

　吸血鬼ハンターとしてのヘルシング教授が持つ最大の武器は、吸血鬼に関する豊富な知識である。ヘルシングは物語の最初から吸血鬼の実在を信じているわけではなかったが、「吸血鬼が実在する」という仮定のもとに東欧などの民間伝承の研究を進め、吸血鬼の毒牙から被害者を守る方法、吸血鬼を滅ぼす方法などを、登場人物の誰よりも熟知している。また、おだやかでユーモアにあふれる人格で多くの人間を味方につけ、状況証拠からドラキュラの狙いを看破するなど、おもに頭脳を駆使して吸血鬼と戦うタイプのハンターである。

　また、本業の医術も吸血鬼との戦いに役立っている。ドラキュラに血を吸われて死にかけている女性に迅速な輸血を行い、3回にわたってその命を助けている。

　原作小説『ドラキュラ』におけるヘルシングとドラキュラの戦いは、両者の知恵比べのように展開し、推理小説における探偵と怪盗の関係を連想させる。圧倒的な身体能力を持ち、正面から戦えば絶対に勝てない敵に、知恵と勇気で立ち向かうヘルシング教授の姿は、その後数多く創作された吸血鬼作品での吸血鬼ハンター像にも大きな影響を与えているのだ。

ドラキュラ退治の戦略

　ヘルシング博士が作中で見せる対吸血鬼の基本戦略は、3段構えになっている。まず、吸血鬼に狙われている女性に「吸血鬼を近寄らせない」ことを最優先にする。そのあいだに「吸血鬼が眠る場所を探し出し」、最後に「寝ている吸血鬼を滅ぼす」という手順だ。

　吸血鬼を近寄らせない方法としては、まず戸締まりを厳重にし、寝ている女性のところに見張りを立てた。ドラキュラがなんらかの方法で密室に侵入できることを知っ

たあとは、部屋中にニンニクの花をかざりたて、女性の首にニンニクの花飾りをつけることで、ドラキュラが部屋には入れても、彼女そのものには近寄れないようにした。これは実際に効果があったのだが、事情を知らない女性の母親が花飾りを片付けてしまったので、女性はドラキュラに血を吸われて命を落としてしまう。

　吸血鬼が眠る場所を探し出すときには、特別な方法は使われていない。ドラキュラに吸い殺された女性が吸血鬼として復活したときは、彼女の墓に行き、墓を掘り返して棺の状態を確かめている。ドラキュラ伯爵本人に対しては、彼が地元トランシルヴァニアから持ち込んだ「泥の入った箱」がドラキュラの寝床であることを看破し、イギリス各所に運び込まれた50個の棺を神聖なアイテム「聖餅」で浄化してドラキュラを追い詰めた。ドラキュラがロンドンから逃げたあとは、血を吸われてドラキュラと精神がリンクしている女性に催眠術をかけ（ヘルシングは精神医学の権威でもある）、ドラキュラの旅の日程を聞き出して先回りし、みごとに待ち伏せに成功している。

　寝ている吸血鬼を滅ぼすときは、心臓に杭を打ち込み、ノコギリで首を切り離すという、民間伝承の吸血鬼対策とまったく同じ方法をとっている。

「若返った」ヘルシング教授

　1900年代に入ると、『ドラキュラ』は舞台や映画となって世界中に広がり、各国で人気を得ていく。その過程で、あくまで複数いる登場人物のひとりにすぎなかったヘルシング教授は、ドラキュラの宿敵としての存在感を増していった。

　1958年のイギリス映画『吸血鬼ドラキュラ』では、ヘルシング教授はついに主役の座を手に入れる。この映画では、ヘルシング教授は小説版よりも若い壮年の男性として描かれ、ドラキュラ伯爵と格闘戦をするなど完全に戦いの最前線に立っている。教授を演じた俳優ピーター・カッシングはスマートな二枚目で、恰幅のいい原作版とは体型も雰囲気も違っている。

　この『吸血鬼ドラキュラ』で生まれた、戦う吸血鬼ハンターのイメージをさらに進化させたのが、2004年にアメリカで公開され、興行収入が1億2千万ドルを超えた大作映画『ヴァン・ヘルシング』だ。

　この作品でのヘルシングは、黒いマントに黒いテンガロンハットというド派手ないでたちで、記憶を失い400年以上も生き続ける、元堕天使の不死身の吸血鬼ハンターと設定され、もはや人間ですらなくなっている。

　さらに最大の切り札として狼男に変身する能力を身につけており、その力は並みの魔物では太刀打ちできない。ドラキュラはヘルシングの過去を知る宿敵として描かれ、ヘルシングを天使時代の呼び名ガブリエルと呼ぶ。

　身体ひとつで吸血鬼と対等に渡り合うヘルシングの姿は、現代の視聴者が持つ吸血鬼ハンターのイメージを具現化したものとなっている。

> ヘルシング教授のモデルになったのは、ハンガリー人学者のアルミウスという人物です。彼はストーカー氏に「ヴラド公爵」の伝説を教えたのです。その人がドラキュラの宿敵になっているのは皮肉なものですね。

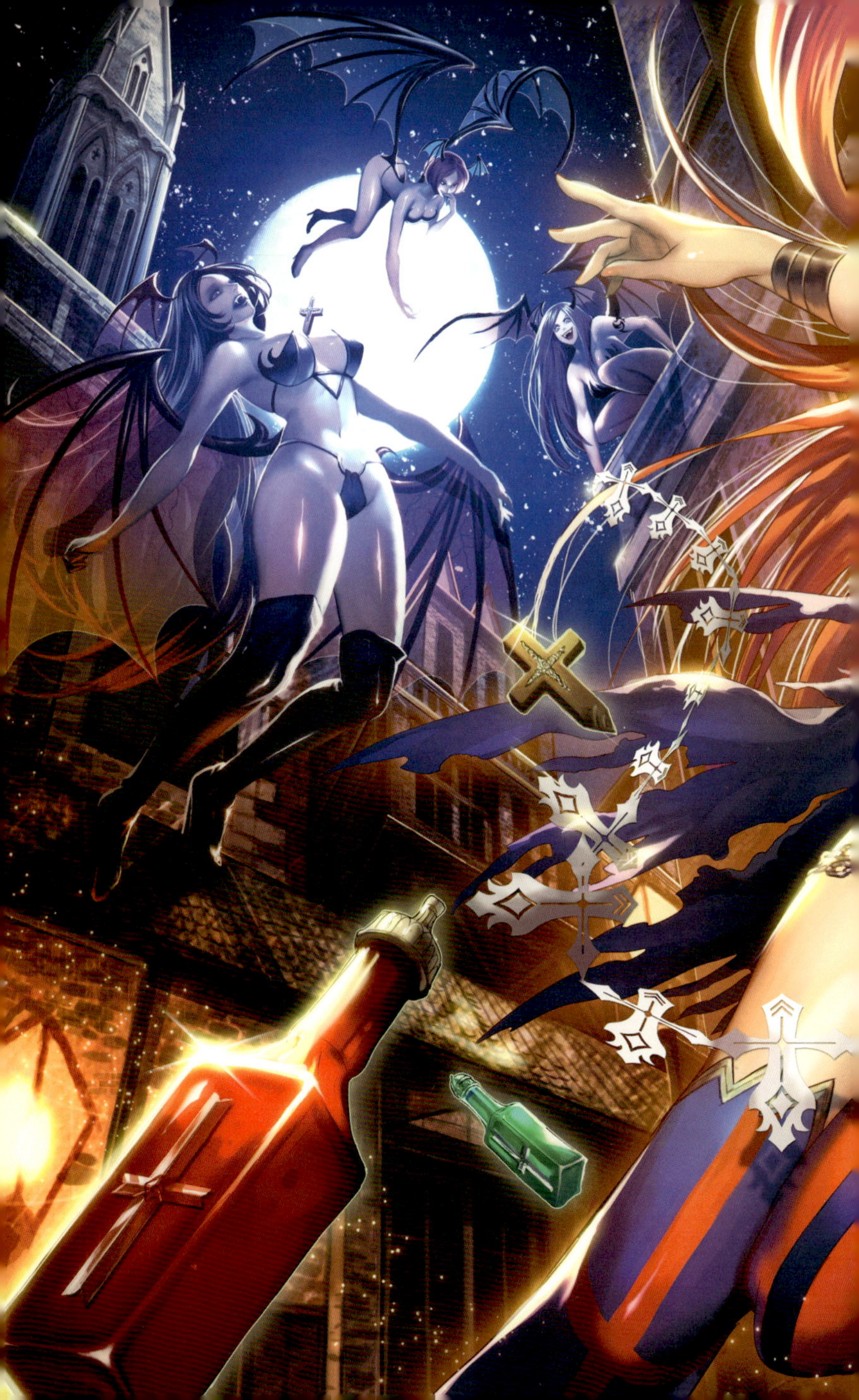

illustrated by 田島幸枝

神の力で吸血鬼退治！
クルツマン&ダミアン

生没年：???～287?　出身地：アラビア半島　性別：男性

医療と吸血鬼退治の聖人

　キリスト教のなかでも大きな宗派であるカトリックや正教（オーソドックス）には、"聖人"という称号がある。これは信者の中でも特に信仰の厚い人や、信仰のために死んだ殉教者などを崇敬する尊称だ。クルツマンとダミアンは、カトリックと正教の両方で認められている兄弟の聖人である。この発音は東欧（正教）独自のもので、西欧（カトリック）では「コスマスとダミアノス」と呼ばれることが多い。

　カトリックに伝わる伝説によると、クルツマンとダミアンはアラビア半島出身で、ともに優れた外科医だった。誇り高いキリスト教徒であり、治療をしても患者からお金を受け取らなかった。このため兄弟は、周囲から"聖なる文無し"と呼ばれていた。また「足を切断した患者に、別の人種の人間の足をつなげる」という、現代の移植手術の先駆けとも言える奇跡的な治療を行ったという。

　これらの逸話から、キリスト教では彼らを"医療の守護聖人"としている。回復の見込みがない患者が回復すると、クルツマンとダミアンが治療したと考えた。ふたりは寝ている病人を夜中に訪れ、病人が目覚める前に治療するのだ。

　同時に東ヨーロッパでは、彼らは吸血鬼とも関連づけられた。詳細は不明だが、ふたりへの崇敬は「吸血鬼や屍鬼（いわゆる動く死体）に対して絶大な力がある」と考えられていたのだ。また、東欧のスラブ人の伝承では、ふたりは医者ではなく魔術師で、吸血鬼に襲われた人を助けることに熟達していたと伝える。

吸血鬼が十字架を嫌う理由

　吸血鬼の多くは、十字架や聖水など、キリスト教にちなんだ神聖なアイテムを嫌うとされている。だがこれは古くからある伝承ではなく、キリスト教の聖職者が広めたものだ。キリスト教では、吸血鬼は「悪魔の創造物」であるため、神の力（信仰の力）に弱いと教えている。民衆が恐れる吸血鬼を退治できるのは教会や聖職者だけだと宣伝することで、民衆が神への信仰をより深めるようにしたのである。

　18世紀以降、キリスト教の聖職者が吸血鬼退治を行うことはほとんどなくなった。だが「吸血鬼が神聖なアイテムに弱い」という言い伝えはそのまま残り、現代の創作作品にも受け継がれている。

吸血鬼ハンター

　吸血鬼退治の守護聖人といえば、竜退治で有名な聖人「聖ゲオルギウス」様です！　吸血鬼のことを教わって気づきましたが、聖人様が竜を「槍で串刺し」にしたのは、心臓に杭を打つ吸血鬼退治によく似てますね。

illustrated by 吉沢メガネ

吸血鬼の天敵は「吸血鬼ハーフ」！
ダンピール
出典：ジプシーの民間伝承　出身地：セルビア？　性別：男性（諸説あり）

吸血鬼退治を宿命づけられた者

　バルカン半島南部の男性吸血鬼には、生前の妻を襲って性交渉する者が多い。しかもこのとき、生前の妻が吸血鬼の子供を妊娠することがあるのだ。こうして生まれた子供は「ダンピール」と呼ばれる。ダンピールは、呪われたヴァンパイアハーフであり、生まれながらの吸血鬼ハンターでもあるのだ。

　ダンピールは、放浪民族「ジプシー」（→p102）の伝承に登場するため、バルカン半島の各地に少しずつ違ったダンピール伝承がある。そのため外見や能力にも多くのバリエーションがある。

　多くの伝承で、ダンピールは人間とかなり違った身体的特徴を持っている。ある伝承では、生まれたときのダンピールはゼリー状の肉体を持ち、ほとんどの場合すぐに死んでしまうという。別の伝承ではゼリー状とまではいかないが、全身に骨や爪がない姿で生まれてくる。そのほかには、全身から悪臭がただよい、歯がないとする地方もある。バルカン半島西部、セルビアの伝承では、ダンピールは黒または暗い色のぼさぼさ髪が特徴で、日中でも地面に影が映らないという。

　成長したダンピールは吸血鬼ハンターとして活躍するが、彼らは死後に吸血鬼としてよみがえることが決まっている。そのためダンピールが死んだときは、念入りに吸血鬼化の予防策をほどこす必要がある。

ダンピールの吸血鬼退治

　セルビアのジプシーの伝承では、吸血鬼の姿は人間から見えない。吸血鬼の姿を見られるダンピールだけが、吸血鬼と戦い、退治できるのだ。このとき、一般人には吸血鬼が見えないため、見えない吸血鬼と戦うダンピールの姿は、不思議な儀式か、滑稽なパントマイムのように感じられる。

　ダンピールの吸血鬼退治では、ニンニク、聖水、十字架などの定番アイテムも使うが、そのほかにも楽器を使うことが特徴だ。セルビアのダンピールは笛、セルビアの南にあるアルバニアのダンピールはタンバリンを愛用するという。彼らは楽器の音で吸血鬼をおびき出すと、ひとりで走り回ったり、服を脱いだり、楽器をかきならして動き回るなどの奇妙な行動を続ける。なかには「シャツの袖を望遠鏡のように使う」などの不可解な行動もある。こうしてひと通りの戦いを終えると、ダンピールは最後に「吸血鬼は倒された！」と宣言するのだ。

　ダンピールはこの「吸血鬼退治の儀式」で生計を立てており、吸血鬼はセルビア

illustrated by 海緒ユカ

やバルカン半島の村人たちにとって現実的な脅威だったので、ダンピールは村人から多額の報酬を受け取り、かなりよい暮らしをしていたようだ。

もちろん現代の科学的視点から見れば、ダンピールの吸血鬼退治は、ありもしない恐怖で人間をおどし、金を出させる"霊感商法"に近い。実際、それを行うダンピールのなかには、かなり"うさんくさい"人物が多かったという。しかし村人たちにとっては、ダンピールが怪しいのは「吸血鬼の子供なのだから当たり前」という解釈になり、吸血鬼やダンピールの実在を疑う者は非常に少なかった。

ダンピールの別名いろいろ

ダンピールという名前はセルビアで使われているものだが、元はアラビア語で「歯で血を吸う者」という意味があるらしい。セルビア以外の地方では、吸血鬼の子供として生まれた吸血鬼ハンターは、別の名前で呼ばれている。

- **ヴァンピール（vampir）** ……子供が男性だったときの呼び名。女性の場合はヴァンピーラ（vampuiera）と呼ばれる。
- **ヴァムピーロヴィチ（vampirovici）** ……セルビア。常に悪臭を放つ。
- **グロッグ（glog）** ……ブルガリア。glogove という別名もあり。
- **ビリ・ルガト（bir i lugat）** ……アルバニア。吸血鬼の息子という意味で、タンバリンを使って吸血鬼と戦う。
- **アブラシ（abrasi）** ……バルカン半島の遊牧民、アムロン族での呼び名。名前は「金髪」という意味で、髪と肌が黄色いことからこの名前で呼ばれた。

現代のダンピール

ダンピールによる吸血鬼退治の儀式は、20世紀中ごろまで実際に行われていた。記録に残っている最後の吸血鬼退治は、1959年に、のちにアメリカとヨーロッパ各国の連合軍が空爆したことで有名になるコソボ地方で行われた。これ以降、ダンピールが活動したという記録は残されていない。

ダンピールは東欧からいなくなったが、吸血鬼と吸血鬼ハンターの伝統は現在でも生きている。ダンピールの本場であるセルビアでは、2007年に、吸血鬼ハンターを自称するカメラマンが、かつての大統領ミロシェビッチの墓を襲撃し、遺体の心臓に杭を打ち込もうとする事件が発生した。

2006年に亡くなったミロシェビッチ大統領は、他民族虐殺の主犯として国際戦犯法廷に起訴されたいわくつきの人物だ。自称吸血鬼ハンターは、元大統領を「悪人なので、滅ぼさないと吸血鬼になる」と言い張り、政治的なパフォーマンスとしてこの暴挙を行ったのだ。

スロボダン・ミロシェヴィッチ（1941-2006）、ユーゴスラビア共和国大統領時代の写真。

> 東欧南部、バルカン半島の内陸部にある「アルバニア」って国では、吸血鬼退治を仕事にしている「人狼の血を引く一族」が住んでたらしい。人間以外の血が入っていると、吸血鬼退治って有利なんだよねー。

絶対読みたい！吸血鬼物語⑦ 『夜明けのヴァンパイア』

吸血鬼の心理を知りたいなら『夜明けのヴァンパイア』がおすすめですよ。レスタト様はルイ様に、ルイ様はレスタト様に、憎悪や愛情、依存心をぶつけ合う屈折したカンケイが……。

奇妙な家族と奇妙な孤独の話

『夜明けのヴァンパイア』は、異なる境遇を持ちながら家族となった３人の吸血鬼が、それぞれの苦悩と埋めがたい孤独にさいなまれる姿を描く物語である。

主人公のルイという吸血鬼は、かつては北米ルイジアナで大農園を経営する人間だった。だが最愛の弟を死なせてしまい自暴自棄になっていたルイは、レスタトという吸血鬼に血を吸われ、吸血鬼に変えられてしまったのだ。

吸血鬼であることを受け入れているレスタトと、受け入れきれないルイのあいだに生まれていく厚い壁。レスタトはその解決策として、母を亡くした５歳の少女クロウディアを吸血鬼に変え、３人で家族として暮らそうとする。しかしこの奇妙な家族も永遠には続かない。年を経るにつれて成熟するクロウディアの精神は、５歳から成長しない肉体との食い違いに苦悩するようになっていく。

吸血鬼の苦悩を描くにあたり、この作品は「オーラル・ヒストリー」という手法を採用している。これは戦後のアメリカで発展した、当事者への聞き取りを録音して歴史研究にあてる手法である。『夜明けのヴァンパイア』の物語は、20世紀の現代に生きる吸血鬼ルイが、インタビューに答え、自分の半生を語るという形式で描かれているのだ。吸血鬼本人の口から赤裸々に語られる人生と苦悩は多くのファンを獲得し、ルイ以外の吸血鬼を主人公にこの世界を描く『ヴァンパイア・クロニクルズ』シリーズが始まることとなった。

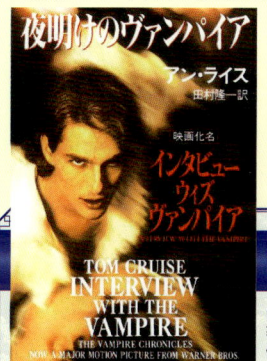

吸血鬼たちの生き様を楽しむほかにも、吸血鬼が上流階級である理由（仲間にするなら社会的地位が高いほうが有利だから）や、吸血鬼に毒を盛るためのテクニックなど、吸血鬼作品の常識に対する作者独自の解釈も同時に楽しめる作品である。

-Book Data-

『夜明けのヴァンパイア』

出版：早川文庫
著：アン・ライス、訳：田村隆一
価格：840円（税別）　品切中

絶対正義の光の使者!
クルースニク

出典：スラブの民間伝承　出身地：スロベニアなど　性別：男女両方

宿命の吸血鬼始末人

　光あるところに影があるように、吸血鬼がいるところには吸血鬼ハンターがあらわれる。吸血鬼ハンター「クルースニク」は、90ページで紹介した「クドラク」の宿敵として生まれてくる善の象徴だ。その名前の語源は、スロベニア語の「krst（十字架）」、または「kratiti（洗礼する）」だという。まさに聖なる存在である。

　クドラクが黒または赤い羊膜に包まれて生まれてくるのに対して、クルースニクは白い羊膜に包まれて生まれた子供である。彼らは一定の年齢になると先輩クルースニクに迎えられ、新しいクルースニクになるのだ。彼らは"光"や"善"を象徴する存在で、予言をしたり、病気を治すという特殊な力を持っている。一説では、クルースニクはすべての村にかならずひとりいて、村や住民を守っているのだという。

　クルースニクがクドラクと戦うとき、両者は牛や豚、馬などの動物に変身して激しく戦う。このときクルースニクが変身した動物は、体色が白いのですぐ見分けられる。これとは別に、両者が炎の輪になって戦うという伝承もある。

　両者の戦いは、かならずクルースニクが勝つとされる。ただし一部の地方では、クルースニクが「生まれたときの羊膜の一部を左脇に貼りつけるか、羊膜を粉にして飲む」という準備を怠るとクドラクが勝ってしまうという。

　また、クルースニクの伝承のなかには、「クルースニクはクドラクだけでなく、あらゆる吸血鬼と対立している」とするものもある。神の力で吸血鬼を倒すクルースニクは、吸血鬼を恐れるスラブの人々にとって非常に頼れる存在なのだ。

呪われたハンター"ヴィエドゴニャ"

　クルースニクやダンピール（→p138）のほかにも、バルカン半島には生まれながらの吸血鬼ハンターがいる。スロベニアの隣国であるセルビアなどには、赤い羊膜に包まれて生まれる「ヴィエドゴニャ」という吸血鬼ハンターがいる。ヴィエドゴニャは、睡眠中に幽体離脱し、引き抜いた木や岩塊を武器に悪霊と戦うのだ。

　ただし、ヴィエドゴニャはクルースニクと違い、死ぬと自分が吸血鬼になってしまう。そのためヴィエドゴニャが死んだときは、吸血鬼にならないように、膝の腱を切り、足の爪の下にトゲを刺さなければならなかった。

吸血鬼ハンター

> すべての村や町にはかならずクルースニクがいるらしいけど、西欧の町やアジア、アメリカではどうなのかしらね？　もしかしたらあなたの住んでいる町にも、クルースニクがいるかもしれないのだわ！

Illustrated by ジョンディー

絶対読みたい！吸血鬼物語⑧
『吸血鬼ハンターD』

吸血鬼ばっかりじゃなくて、ボクたち吸血鬼ハンターの活躍も見てほしいな！ この『吸血鬼ハンターD』は、日本の吸血鬼文化の集大成みたいな作品だよ。ダンピールの美形ハンターが超カッコイイんだ！

吸血鬼ハンターは混血児

　ここまでのコラムでは、吸血鬼の本場であるヨーロッパやアメリカで作られた作品を紹介してきたが、我が国「日本」にもすばらしい吸血鬼作品が数多く存在している。日本人が受け入れてきた吸血鬼文化を独自の形で消化した作品をひとつ選ぶなら、菊地秀行の『吸血鬼ハンターD』をあげたいところだ。

　時は一万年の未来。所は地球。かつて人類は吸血鬼に征服された。強大な吸血鬼は「貴族」となり、人類を餌として栄華をきわめた。人類が彼らに叛旗を翻し、「都」から「貴族」たちを放逐してからも、「貴族」の持つ数々の超常の力は健在であり、人々はなお吸血鬼を恐れていた。

　夜の闇に、辺境の荒野に潜む吸血鬼を狩る「吸血鬼ハンター」のなかでも特に凄腕で知られる美青年がいる。「貴族」と人間のあいだに生まれた混血児であり、時として人間の生き血に惹かれ、陽光に苦しむ弱点をも備えたこの男、その名をただひと文字、"D" といった……。

　作者の菊地秀行は、幅広い作品からアイディアを取り入れ、しかもそれを隠さない人物である。英米日の吸血鬼作品はもちろんのこと、アメリカの西部劇、1950年代イギリスの怪物退治映画、文明崩壊後世界を描いたSF、さらには1970年代日本の吸血鬼作品など……多くの作品からすぐれた要素を取り入れ、それを卓越した筆力でひとつにまとめあげている。しかも全体を貫く一種の無常観と情緒表現のおかげでなにひとつ嫌みが感じられない。本作は、東欧で生まれ、欧米で育った吸血鬼文化の集大成のひとつといっても過言ではないだろう。

- Book Data -

『吸血鬼ハンターD』

出版：朝日文庫
著：菊地秀行
価格：580円（税別）

クラウス&シェリダンの吸血鬼百科事典

5つのテーマで迫る！ 吸血鬼の素顔……146

特集『吸血鬼ドラキュラ』……148

"吸血鬼"完全解剖……158

吸血鬼退治の5ヶ条……168

吸血鬼文化のできるまで……178

吸血怪物小事典……184

吸血鬼ブックガイド……190

さて、ここでは私たち「吸血鬼」の特徴を、我々吸血鬼の視点と……

ボクたち人間の見方の両方から紹介するよ！

5つのテーマで迫る！「吸血鬼」の素顔

> この短期間で43名のヴァンパイアについて理解する……容易ではなかったけれど、真祖の血を引く私にとっては必要な義務と言えるでしょうね。さあクラウス、もう十分でしょう。いつでもテストを始めてくれていいのだわ。

> 残念ですがお嬢様、これで終わりというわけにはまいりません。これまでお話ししてきたのは、あくまで我ら「吸血鬼」の個人個人の事情です。吸血鬼という種族全体についても理解を深めていただかなければ。

> まあ、ボクとしては授業終了でもかまわないけどね。でもテストの範囲はまだ終わってないみたいだよ。85点取れなかったら困るのはマリーカのほうじゃないのかなぁ？

> むむむ……100年会わなかったらシェリダンがずいぶん生意気になっているのだわ。結構よ、まだ授業があるというのなら、遠慮なくすればいいじゃないの。ほら、ちゃんと聞いてあげるのだわ！

　11ページからの「ヴァンパイアって何？」でも紹介したように、吸血鬼という枠の中には「東欧の民間伝承の吸血鬼」「文学の吸血鬼」のように、異なる特徴を持つ者が混在しています。この「クラウス＆シェリダンの吸血鬼百科事典」では、吸血鬼という存在そのものについて知るために役立つ知識を、吸血鬼の種類の違いや移り変わりについても理解するために、5つの視点に分けて紹介します。

各章で紹介される「吸血鬼」のジャンル

　この「百科事典」では、全体を5つの章に分けて吸血鬼について解説するのだそうです。

　第一章の**"特集「吸血鬼ドラキュラ」"**は、「文学・映像の吸血鬼」であるドラキュラ伯爵の紹介。第二章の**"吸血鬼完全解剖"**は、「吸血鬼種族」にあたる民間伝承の解説。そして第三章の**"吸血鬼文化のできるまで"**では、吸血鬼が民間伝承から娯楽に変化していく過程を紹介するそうです。

　章が変わると紹介している「吸血鬼」の種類も変わるので、気をつけてくださいね？

さて。ここからは、吸血鬼という種族全体を知るために、5つのテーマで吸血鬼のことをご説明差し上げます。
お嬢様はどの話題がお好みですか？

特集『吸血鬼ドラキュラ』

現在の吸血鬼文化を知るためには、そのすべての基礎となった「ドラキュラ伯爵」の物語を知らなくては始まりません。飽きっぽいお嬢様にも楽しんでいただけるよう、物語のあらすじと人物紹介をさせていただきました。

148ページへ！

"吸血鬼"完全解剖

ボクたちヴァンパイアハンターにとって、吸血鬼っていう種族の長所や弱点を知ることは、言葉どおり命に関わる重要なことなんだ。吸血鬼が生まれてから滅ぶまで、吸血鬼と戦う方法なんかを全部教えちゃうよ！

158ページへ！

吸血鬼文化のできるまで

私たち西欧人が、東欧からやってきた吸血鬼という文化を受け入れてきた過程を説明します！

178ページへ！

吸血怪物小事典

世界中から「血を吸う怪物」を集めた小事典なのだわ。吸血鬼以外にもこんなにいたのね。

184ページへ！

吸血鬼ブックガイド

吸血鬼についてもっと深く知りたい方のために、この8冊の本をお薦めします！

190ページへ！

5つある章のうち、どの章から読んでいただいてもかまいません。興味のあるところからお楽しみください。

特集
『吸血鬼ドラキュラ』

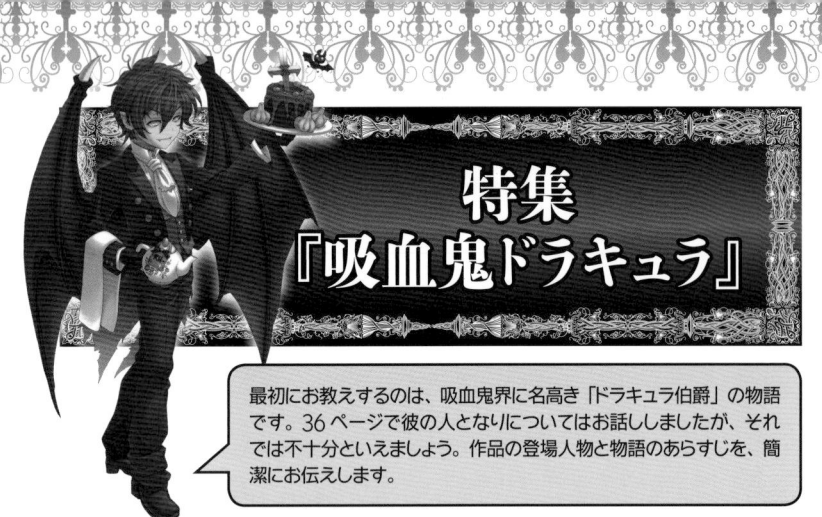

最初にお教えするのは、吸血鬼界に名高き「ドラキュラ伯爵」の物語です。36ページで彼の人となりについてはお話ししましたが、それでは不十分といえましょう。作品の登場人物と物語のあらすじを、簡潔にお伝えします。

どうして『ドラキュラ』を紹介するの？

ドラキュラ伯爵、ね。たしかに名前は聞いたことがあったのだわ。
でもクラウス、あなたは吸血鬼ぜんぶの話をしたいのでしょう？ なのにわざわざ吸血鬼ひとりの話をする意味はあるのかしら。

いや、
現代の人間にとって、吸血鬼といえば「ドラキュラ伯爵」のことだよ。

シェリの言うとおりです。現在世間に名が知られている吸血鬼の多くは、ドラキュラ伯爵を参考にして生み出されたものですので、彼らについて知るためには、ドラキュラ伯爵のことをひととおり知っている必要があるのですよ。

たしかに、本や映画に出てくる吸血鬼って、人柄とか特徴とかが、ドラキュラ伯爵にそっくりな方がとっても多いですよ。
吸血鬼にうとい、私でも知ってるくらいですから！（えっへん）

ふーん、そんなものかしら？
とりあえず、ふたりの言いたいことはわかったのだわ。

つまり……
**吸血鬼作品を楽しみたいなら、
その基礎を作った
『ドラキュラ』の知識が不可欠！**

ということね？

148

『ドラキュラ』ってどんな作品？

『ドラキュラ』といえば映画版が有名ですが、原作となったのは小説なのです。吸血鬼ブームに沸き立つ1897年のイギリスで発表された、吸血鬼文学の傑作なのですよ。

『ドラキュラ』のあらすじ

『ドラキュラ』の主人公は、東欧の国ルーマニアの南部「トランシルヴァニア地方」で古くから暮らしている強力な吸血鬼、ドラキュラ伯爵です。伯爵は美女の生き血を吸うため、イギリスの首都ロンドンで暗躍します。

ドラキュラ伯爵に立ち向かうのは、4人の青年とひとりの女性、そして医学博士のヴァン・ヘルシング教授です。青年たちは、愛する女性が吸血鬼の餌食になるという悲しみを怒りに変え、教授とともに知恵と勇気で強力な吸血鬼と対決します。

『ドラキュラ』の作者、ブラム・ストーカー

『ドラキュラ』の作者は、アイルランド出身の小説家「ブラム・ストーカー」です。彼は現在のアイルランドの首都ダブリンで役人として働いていましたが、演劇好きが高じて劇団のマネージャーを始め、小説家との二足のわらじで生活していました。

『ドラキュラ』は、演劇の台本になることを前提としたマルチメディア作品でした。ストーカーは『ドラキュラ』出版後も、劇団の団長が死ぬまで、劇団マネージャーの仕事を続けています。

晩年のブラム・ストーカーの写真。

発表当時の『ドラキュラ』の評価

小説版の『ドラキュラ』は、かなり売れたみたいだね。演劇とのタイアップ効果もでっかかったし、評論家にもウケたみたい。だからフランス語版やドイツ語版もすぐ出版されて、ヨーロッパを代表する吸血鬼小説になったんだ。

ただ、この評価は「低俗な娯楽作品として」おもしろいって意味で、学者センセーたちには見向きもされなかったっていう話だよ。

『ドラキュラ』登場人物紹介

『ドラキュラ』の物語を動かすのは、吸血鬼ドラキュラ伯爵とその下僕たち、そしてドラキュラに立ち向かう人間たちです。まずは彼らがどんな人物で、何を目的に活動するのかをご説明いたしましょうか。

復活のヴァンパイア
ドラキュラ伯爵

数百年、あるいは1000年以上の時を生きている強力なヴァンパイア。イギリスのロンドンに渡航して、美女の生き血を吸おうという計画を立てており、前線基地となる邸宅を手に入れるため、ロンドンから弁理士のジョナサンを呼び寄せます。

吸血鬼ハンター
ヴァン・ヘルシング

オランダ人の医学博士で、教え子のセワード医師（p151左下）に招かれてルーシーの治療を担当します。精神医学の権威ですが民間伝承にもくわしく、早い時期から吸血鬼の関与を疑い、まだ見ぬドラキュラ伯爵との戦いの準備を進めます。

伯爵の真実を見た男
ジョナサン・ハーカー

ドラキュラと最初に出会う青年で、本作の主人公のひとりです。土地購入の手続きのためにドラキュラ城を訪れますが、そのまま2ヶ月にわたって城に軟禁され、誰よりもはやくドラキュラ伯爵の正体を知ることになります。

狙われたヒロイン
ミナ・マリー

ジョナサン・ハーカーの婚約者で、ルーシー・ウェステンラ（左下）の親友です。ルーシーの死後にドラキュラに血を吸われ、吸血鬼化の恐怖に耐えながらドラキュラに立ち向かいます。意志が強く知恵が回る女性で、その頭脳で一行の戦いを助けます。

未来を奪われた花嫁
ルーシー・ウェステンラ

イギリスのロンドンに住む、美しく快活な女性。貴族のアーサー・ホルムウッドと婚約していましたが、ドラキュラに何度も血を吸われて命を落としました。その後、ルーシーの遺体は吸血鬼となり、ロンドンの子供たちを襲い始めます。

伯爵に利用される狂人
レンフィールド

セワード医師（右ページ参照）が働く精神病院で療養中の怪人物。ほかの生き物を食べることでその命を奪うという独特の価値観を持っています。吸血鬼の生命にあこがれるあまり、ドラキュラに利用されてしまいます。

次ページの人物関係を見てみると、このお話は徹底的にドラキュラ伯爵を中心にして動いているようなのだわ。ふたりのヒロインから血を吸おうとする伯爵と、彼女たちを守ろうとする男たちの対決というわけね！

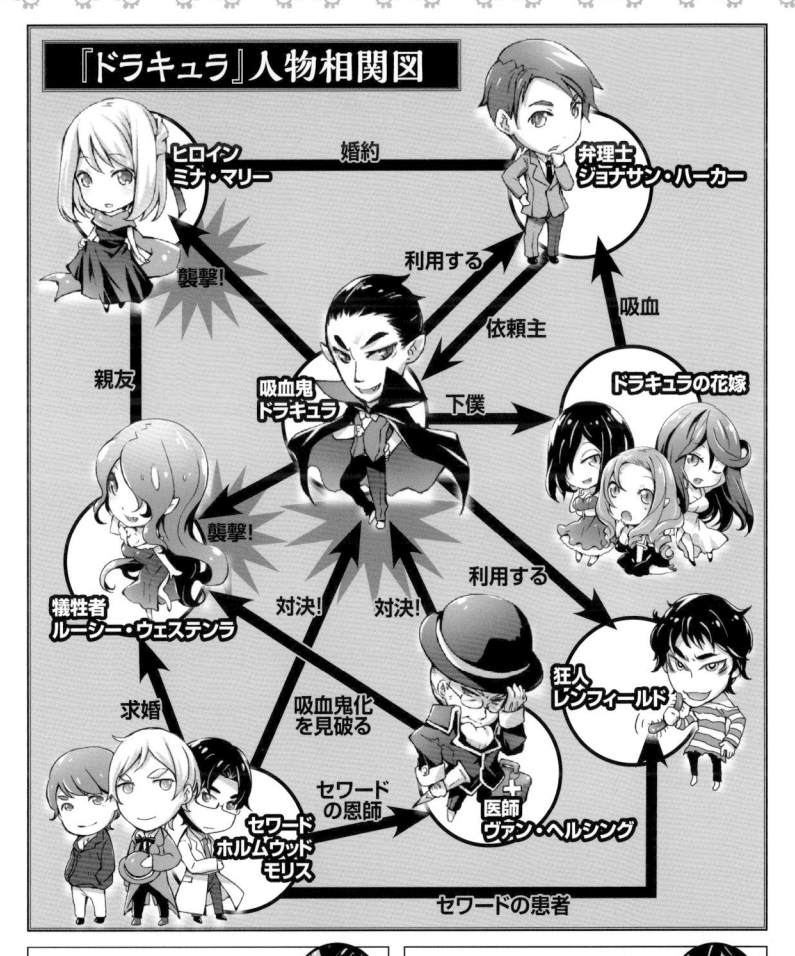

『ドラキュラ』人物相関図

- ヒロイン ミナ・マリー ──婚約──→ 弁理士 ジョナサン・ハーカー
- 吸血鬼 ドラキュラ
  - ミナ・マリーへ：襲撃！
  - ジョナサン・ハーカーを利用する（依頼主）
  - ジョナサン・ハーカーへ：吸血
  - ドラキュラの花嫁：下僕
  - ルーシー・ウェステンラへ：襲撃！
  - レンフィールドを利用する
  - ヴァン・ヘルシングと対決！
- ミナ・マリー ── 親友 ── ルーシー・ウェステンラ
- ルーシー・ウェステンラ ← 求婚 ─ セワード／ホルムウッド／モリス
- セワード／ホルムウッド／モリス ── 対決！ ── ドラキュラ
- ヴァン・ヘルシング ── 吸血鬼化を見破る
- ヴァン・ヘルシング ← セワードの恩師 ─ 医師
- 狂人 レンフィールド ── セワードの患者
- 犠牲者 ルーシー・ウェステンラ
- ドラキュラの花嫁

セワード&ホルムウッド&モリス

ヘルシング教授の弟子で精神科医のセワード、イギリス貴族のホルムウッド、アメリカの若い地主モリスは、ルーシーに結婚を申し込んだ恋のライバルです。彼らはルーシーの無念を晴らすためにドラキュラ退治に参加します。

ドラキュラの花嫁

ドラキュラによって吸血鬼に変えられた３人の美女。「思わず口づけしたくなる（談：ヘルシング教授）」ほど美しい女性です。物語序盤でジョナサンから血を吸おうとするなど、女吸血鬼の魅力と恐ろしさを体現する存在です。

『ドラキュラ』の物語の見どころ

ドラキュラ伯爵という吸血鬼は知っていても、物語や具体的な活躍については知らない人が、意外に多いと聞いております。『ドラキュラ』とはどんな物語なのかを、飽きっぽいお嬢様にも聞いていただけるよう簡潔にご説明しましょう。

『吸血鬼ドラキュラ』ここが見どころ！

見どころ1　欧州をまたにかける物語！

物語の舞台は、イギリスの首都ロンドンと、当時のイギリス人にとってミステリアスな場所だった東欧のトランシルヴァニアです。綿密な取材によってリアルに描写された東欧の風景は、不気味な魅力でイギリス人の心をとらえました。

見どころ2　ドラキュラ伯爵の謎を追え！

物語の序盤、ドラキュラ伯爵の正体はまったく明かされません。彼が吸血鬼だと明かされるのは物語の後半に入ってからで、それまで読者は、不気味な伯爵の正体も知らされず、恐ろしいシーンの連続に震え上がります。

見どころ3　吸血鬼の襲撃に立ち向かえ！

人間を大きく超える力を持つ吸血鬼に、知恵と勇気をふりしぼって立ち向かう後半の物語は、痛快そのものです。教授たちがドラキュラを滅ぼすか、それともドラキュラが逃げ切るか？　手に汗握る戦いが、読者の心をわしづかみにします。

独特の物語形式に注目！

このお話、ちょっと変わってるわね。普通の小説のような、文章でお話の流れを綴っていく形式ではなくて、主人公たちの日記とか、手紙や新聞をつなぎあわせたもののように書かれているのだわ。

これだと、物語のなかで何が起きているのか、登場人物の目線からしか知ることができないわね。読者が作品の世界に入り込んだように感じる、実にいい演出なのだわ。

『ドラキュラ』の舞台とあらすじ

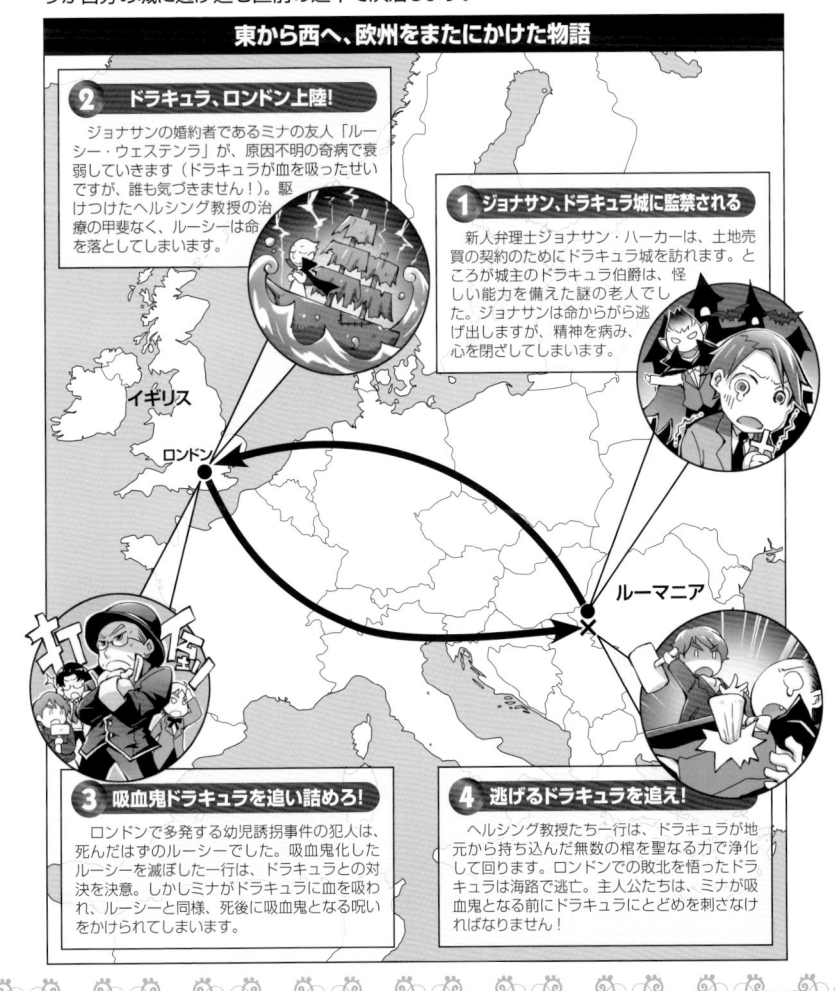

左のページでも紹介したとおり、『ドラキュラ』は、ドラキュラの本拠地である東欧ルーマニアのトランシルヴァニア地方と、本書が出版されたイギリスのロンドンが舞台になっています。物語はトランシルヴァニア地方で始まり、ロンドンでの戦いをへて、ドラキュラが自分の城に逃げ込む直前の道中で決着します。

東から西へ、欧州をまたにかけた物語

2 ドラキュラ、ロンドン上陸!

ジョナサンの婚約者であるミナの友人「ルーシー・ウェステンラ」が、原因不明の奇病で衰弱していきます（ドラキュラが血を吸ったせいですが、誰も気づきません！）。駆けつけたヘルシング教授の治療の甲斐なく、ルーシーは命を落としてしまいます。

1 ジョナサン、ドラキュラ城に監禁される

新人弁理士ジョナサン・ハーカーは、土地売買の契約のためにドラキュラ城を訪れます。ところが城主のドラキュラ伯爵は、怪しい能力を備えた謎の老人でした。ジョナサンは命からがら逃げ出しますが、精神を病み、心を閉ざしてしまいます。

イギリス
ロンドン

ルーマニア

3 吸血鬼ドラキュラを追い詰めろ!

ロンドンで多発する幼児誘拐事件の犯人は、死んだはずのルーシーでした。吸血鬼化したルーシーを滅ぼした一行は、ドラキュラとの対決を決意。しかしミナがドラキュラに血を吸われ、ルーシーと同様、死後に吸血鬼となる呪いをかけられてしまいます。

4 逃げるドラキュラを追え!

ヘルシング教授たち一行は、ドラキュラが地元から持ち込んだ無数の棺を聖なる力で浄化して回ります。ロンドンでの敗北を悟ったドラキュラは海路で逃亡。主人公たちは、ミナが吸血鬼となる前にドラキュラにとどめを刺さなければなりません!

153

映画になった『ドラキュラ』

小説『ドラキュラ』は何度も映画化され、そのたびに物語の内容が変更されています。ここでは『ドラキュラ』原作の映画として世界的に有名な4つを紹介し、原作との違いについてもご説明いたしましょうか。

吸血鬼ノスフェラトゥ
Nosferatu:Eine Symphonie des Gravens

1922年　制作：プラナ・フィルムズ（ドイツ）

　世界初の『ドラキュラ』の映画化作品です。ただしこの作品は、原作者の遺族に無断で作られた「海賊映画」だったため、すぐに放映禁止処分になってしまいました。

　原作との違いは、主人公ドラキュラが「オルロック伯爵（→p40）」という名前になっていること。そして外見が小説のような老紳士ではなく、頭髪のない怪人じみた外見になっていることです。この外見は、東欧の民間伝承で語り継がれてきた「本来の吸血鬼」に近いものです。イギリスと違って古くから吸血鬼伝承を持つドイツならではの外見といえます。

販売：IVC　1750円（税別）

魔人ドラキュラ
Dracula

1931年　制作：ユニヴァーサル（アメリカ）

　正式な許可を得た、初の『ドラキュラ』映画は、アメリカで作られました。ドラキュラの演劇舞台で活躍していた役者陣を起用した手堅い作りで、商業的にも大成功をおさめ、世界的吸血鬼ブームの火付け役となりました。

　原作との最大の違いは、ロンドン渡航後のドラキュラが、原作のように陰で暗躍せず、ロンドンの上流社会で、貴族として堂々と活動していることです。また、ハーカーとレンフィールドがひとりの人物にまとめられており、弁理士レンフィールドがドラキュラ城で襲われ、その下僕になっています。

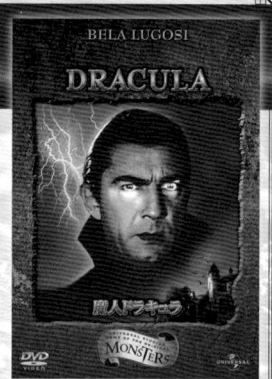

販売：ユニバーサル・エンターテイメントジャパン　1429円（税別）

吸血鬼ドラキュラ
HORROR OF DRACULA

1958年　制作：ハマー・フィルム（イギリス）

　1958年版の映画は、どぎついホラー描写が特徴です。1931年版では、吸血シーンや胸に杭を打ち込むシーンは影絵で表現されるだけでしたが、この作品ではグロテスクなシーンも逃げずにそのまま描写しています。

　原作からの最大の変更点は、吸血鬼ハンター"ヴァン・ヘルシング"教授を、助言役ではなく、吸血鬼と真っ向から戦う戦士として描いていることです。また、ドラキュラが心臓への杭打ちではなく「太陽光線で滅ぼされる」結末は、後世の吸血鬼作品に大きな影響を与えました。

販売：ワーナー・ホーム・ビデオ
2980円（税別）

ドラキュラ
Bram Stoker's Dracula

1992年　制作：コロンビア・ピクチャーズ（アメリカ）

　マフィア映画『ゴッドファーザー』のフランシス・コッポラが監督し、ハリウッドの名優をそろえた豪華作品です。

　この作品は、吸血鬼退治よりも、ドラキュラという人物の人生に焦点を当てています。ドラキュラ伯爵ことヴラド・ツェペシュ（→p76）が吸血鬼になった理由を、「最愛の王妃の魂が破滅したことを知ったドラキュラが、神への復讐を誓った結果だ」と設定しています。そしてドラキュラは、400年後のロンドンで、王妃に生き写しの女性ミナを発見。彼女への恋心と血の欲望のあいだで思い悩むのです。

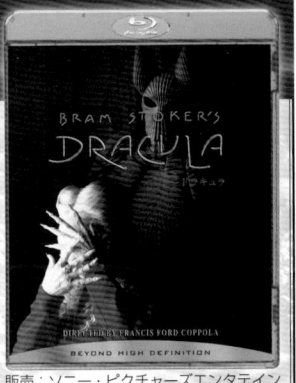

販売：ソニー・ピクチャーズエンタテインメント　2381円（税別）

> 下界の文化にも、なかなか見るべきところがありますでしょう。
> さあお嬢様、ここにある4つの作品、すべてこちらにご用意しております。どの作品からご覧になりたいですか？

> 同じ『ドラキュラ』を原作にしているのに、ずいぶん雰囲気が違うのね。"原作モノ"というのは、もっと小説に忠実に作るものだと思っていたのだわ。

> ボクは、おもしろければなんでもいいよ！
> どっちかっていうと、映画としておもしろくするために、どう原作に手を加えるかっていうのも、映画スタッフの腕の見せ所じゃないかなあ？

『ドラキュラ』を演じた俳優たち

「ドラキュラ伯爵」の名前を聞いて、皆様がすぐに同じような姿を思い浮かべることができるのは、映画が伯爵の外見イメージを脈々と広め続けてきたからです。なかでもこの3人の人間の貢献が大きいですね。

ベラ・ルゴシ
『魔人ドラキュラ』(1931年)など

ドラキュラの出身地、ルーマニアのトランシルバニア地方生まれのハンガリー人舞台俳優。東欧なまりの英語が受け、ドラキュラ役の俳優として多数の映画に出演した。だがドラキュラの印象が強すぎて役の幅が狭まり、晩年は不遇だった。死後は本人の意向で、映画で使ったドラキュラの黒マントを着た姿で埋葬されている。

クリストファー・リー
『吸血鬼ドラキュラ』(1958年)など

21世紀の現代人にとって、ドラキュラといえば彼である。イギリス映画『吸血鬼ドラキュラ』のヒットは、赤い目を血走らせて美女を襲うリーの熱演によるところが大きい。彼は8つの作品でドラキュラを演じ、「もっとも多くの映画に出演した俳優」としてギネスブックにも登録される大俳優となった。

ゲイリー・オールドマン
『ドラキュラ』(1992年)

1992年の映画『ドラキュラ』で伯爵を演じた、映画界有数の名俳優。この『ドラキュラ』は、ドラキュラが人間だったころの話に踏み込み、ドラキュラの内面を描写しているのが最大の特徴だ。オールドマンは、過去に妻を失った怒りから、神に背いて吸血鬼となったドラキュラを熱演している。

どのドラキュラも、髪の毛を後ろになでつけるヘアスタイル……オールバックといったかしら？ ともかくその髪型にしているわね。原作にはそういう記述はないらしいし、よほど最初のイメージが強烈だったのかしら。

アルカードという名前

吸血鬼の登場する作品には、しばしば「アルカード」または「アーカード」という名前のキャラクターが登場する。あまりに頻繁に登場するので、さぞかし吸血鬼にゆかりのある名前なのかと思うところだが、その由来はいたって単純だ。

日本語ではわかりにくいが、アルカードという名前を本来のアルファベット表記に戻せば、疑問はすぐに氷解する。

アルカードの綴りは ALUCARD。これを右から読むと、DRACULAとなる。そう、このアルカードという名前は、あの有名なドラキュラ伯爵の名前を逆向きにしただけの名前なのだ。

「アルカード」の初登場

アルカードという名前が初めて使われたのは、1942年に公開されたアメリカ映画『夜の悪魔』だという説が有力だ。この作品の主役格である吸血鬼が「アルカード伯爵」という名前なのである。

『夜の悪魔』の原題は『Son of Dracula（ドラキュラの息子）』という。これを文字どおりに受け取ると、アルカード伯爵はドラキュラの息子だと思えるのだが、実は作品中では、アルカードがドラキュラの末裔「かもしれない」と推測できる描写があるだけで、はっきりとは名言されていない。1896年から1995年までに制作された吸血鬼映画を紹介する本《シネマティック・ヴァンパイア》では、「タイトルは嘘で、アルカード伯爵はドラキュラ伯爵その人だ」と断言している。吸血鬼に関するあらゆる情報を集めた本《吸血鬼の事典》にも、アルカードは「ドラキュラ伯爵が用いた偽名」だと書かれている。

もっとも『夜の悪魔』以降の作品では、ドラキュラ本人ではありえない人物にもアルカードの名前が使われることがある。どちらにしてもアルカードが「ドラキュラ伯爵の名前をもとに作られた名前」であることは間違いない。

陳腐化してしまった「アルカード」

『夜の悪魔』以降、アルカードという名前はアメリカやイギリスの吸血鬼映画、小説などで非常に頻繁に使われるようになった。

そのため《吸血鬼の事典》によると、吸血鬼作品の本場であるアメリカでは、アルカードという名前が作品に登場するだけで、作品が陳腐な雰囲気に感じられたり、制作側が意図しない笑いが起きることがあったという。

> 欧米ではあまり見なくなってしまいましたが、日本の吸血鬼作品にはまだまだ「アーカード」系の名前が多いですね。女性名化した「アルクエイド」という女性吸血鬼もいるようですし。

> 『HELLSING』って漫画に登場するアーカードは、1989年にロンドンを襲ったドラキュラ伯爵本人が現代に復活した姿なんだってさ。「アーカードはドラキュラの偽名」だっていう、元祖の設定に近い感じだね。

"吸血鬼" 完全解剖

吸血鬼が東ヨーロッパの民間伝承で生まれた怪物だってことは、80ページで説明したとおりだよ。このころの吸血鬼は、どんな怪物だったのか教えちゃおう。小説や映画のオリジナル設定が入る前の、ナマの吸血鬼情報をぎっしりまとめてきたからぜひ見てみてよ！

「完全解剖」は二部構成！

この「吸血鬼完全解剖」では、吸血鬼の特徴をふたつの部分に分けて紹介するよ。まずは吸血鬼の基本的な性質、そして吸血鬼と「対抗する」ための、弱点とか対策についてのお話だ！

p159-167 吸血鬼を知ろう！

前半部のページでは、吸血鬼の定義から始まり、吸血鬼発生の原因、種族ごとの分布、身につけている能力、吸血鬼の寿命など、吸血鬼という架空の生物の「生態」に注目して解説を行っています。

ちょうど動物図鑑と同じような視点で吸血鬼という「生物」を見ることで、吸血鬼に対する基本的な知識を身につけてください。

p168-175 吸血鬼に立ち向かおう！

後半部のページでは、吸血鬼の持つさまざまな「弱点」に注目し、人間が吸血鬼に立ち向かうために何をすればいいのかを解説します。

伝統的な吸血鬼退治の考え方は、現代の伝染病予防と非常に近いものです。吸血鬼対策のすべてを「予防」「発見」「忌避」「撃退」「滅ぼす」の5段階に分類し、その時々の状況に応じた吸血鬼対策を解説します。

まあ、高貴なる吸血鬼を「伝染病」扱いですって!?
シェリ、あなたしばらく見ないうちに随分ずうずうしくなったのだわ！

お嬢様、お待ちください。東洋の古い言葉に「敵を知り己を知れば百戦危うからず」と言います。吸血鬼ハンターが手の内をさらしてくれるというのです。ここは人間が編み出した吸血鬼対策とやらを学ばせてもらいましょう。

そもそも「吸血鬼」って何だ?

> さて、吸血鬼の生態を知るには、吸血鬼とはなんなのか、というきちんとした線引きをしておく必要があります。話を始める前に、まずは「吸血鬼の定義」をもう一度確認しておくとしましょう。

おさらいしよう、吸血鬼の定義

　吸血鬼とは、ヴァンパイア（vampire）という英語を、日本語に翻訳した単語です。ヨーロッパで「ヴァンパイア」と呼ばれるのは、おもに東ヨーロッパを発祥とし、以下のような特徴を持つ怪物たちです。

よみがえった死体である

　ヴァンパイアは、一度死んだはずの人間が復活し、動き出した存在です。有名な動く死体「ゾンビ」との違いは、肉体が腐敗せず、生前より健康的に見えることです。

人間の血を吸う

　人間の血を吸うのがヴァンパイアの特徴です。人間の血液は彼らにとって重要な栄養源で、多くの血液を飲んだ者は、生前よりも太った健康的な外見になります。

> この本では「人間の血を吸う、動く死体」のことを吸血鬼と呼んでいますが、ヨーロッパで「ヴァンパイア」と呼ばれる怪物のなかには、人間の血液を吸わない者もいます。この章では、血を吸うか吸わないかに関係なく、「ヨーロッパで"ヴァンパイア"と呼ばれる怪物」の生態について紹介してまいりますよ、お嬢様。

吸血鬼は、いつ、どこで生まれたか

　スラブ民族の文化にくわしい、東京大学名誉教授の栗原成郎博士によると、吸血鬼が誕生したのは、日本の飛鳥時代にあたる6〜7世紀ごろだといいます。このころ、もともと東欧の東端、ウクライナ周辺で暮らしていたスラブ人が、ギリシャなどがあるバルカン半島に移住してきました。このとき、スラブ人がもともと持っていた動く死体の伝承と、ギリシャなどの近隣地域に存在した「人間の血を吸う怪物」の伝承が組みあわさって、吸血鬼が生まれたというのが栗原博士の仮説です。

吸血鬼伝承が生まれた"理由"

> ねえ、人間たちはどうして、私たち「吸血鬼」の存在を信じたのかしら？　いくつもの理由がからみあった結果だ……なんて書いてある本はあったけれど、そんな曖昧な答えじゃ納得できないのだわ。

誕生の理由……　このような怪物が想像された"理由"

> まず最初に！　なんで人間たちは「自分たちの天敵」をわざわざ想像したのかしら？　私たちのような「危険で恐ろしい吸血鬼」なんて、世の中にいないほうが人間にとっては都合がいいはずだわ。

　吸血鬼は、死んだはずの人間が、墓の中でよみがえって地上にあらわれ、人間の血を吸う存在です。人々は、どうしてこのような恐ろしい怪物を想像したのでしょうか？

　実は、墓から復活する死者や、人間の血を吸う怪物の伝承は、東ヨーロッパだけではなく、世界各地にあります。世界中でこのような怪物が想像されたのには、人類共通のふたつの理由があるのです。

理由1　死への恐怖

　科学が存在しなかった時代、人間は「死」の正体を知りませんでした。そのため人類は、人間の死に関連する不可解な現象を大変恐れていました。

　例えば、遺体が何年たっても美しいまま残る「死蝋」。そして、仮死状態の人が"死んだ"と誤解されたまま埋められてしまい、のちに生き返る「早すぎた埋葬」。さらに、元気だった人が集団でバタバタと死んでいく「疫病」に対する恐怖。これらが「死後復活する人間」の伝承を生み出した原因のひとつです。

理由2　血液への信仰

　人間は、大量に出血すると死んでしまいます。そのため昔のヨーロッパの人々は、血液を「生命エネルギーそのもの」だと考えていました。他者の血液を飲むという行為には、相手の生命エネルギーを取り込むという意味があるのです。

> たしかに。キリスト教の聖書には、イエス・キリスト様が、ワインのことを「自分の血」だと言って弟子たちにふるまう場面がありますわ。

> つまり、死とか血液とかよくわかんないから、それを怖がって怪物を生み出しちゃった、ってわけか。なんだか自爆って感じ……。

地域的な理由…… 「東ヨーロッパ」にいて、「西ヨーロッパ」にいない"理由"

> ちょっと待って。「死への恐怖」は人間なら誰でも持ってるでしょう。それにキリスト教が「ワインはイエスの血」だと言うなら、西欧でも吸血鬼伝承が生まれてるはずだわ。どうして東ヨーロッパでだけ「吸血鬼」の伝承が生まれたの？

　墓場から復活する死者や、人間の血を吸う怪物の伝承は世界各地にあります。ですが、この両方の特徴を持つ怪物（つまり吸血鬼）が、ひとつの地域に集中している場所は、東ヨーロッパ以外にありません。なぜ東ヨーロッパでだけ、吸血鬼の伝承が広まったのか……そこには、自然環境、生活習慣、宗教などさまざまな理由があります。

理由1　「土葬の習慣」と「血液信仰」

　キリスト教では、宗教的な理由から、遺体を土中に埋める「土葬」を行います。死体がそのままの形で残されるため、土葬をする地域では、動く死体の伝承が多くなります。
　そして前のページで説明したとおり、キリスト教では血液の神秘性を強く信じています。そのため、人間の生き血を狙う化け物を想像しやすい下地があるのです。

理由2　「東方正教会」と「カトリック教会」の違い

　実はヨーロッパの東西では、それぞれ違う宗派のキリスト教が信仰されています。
　西欧で信仰される「カトリック教会」では、12世紀ごろから「死者が復活する」伝承を潰していました。ですが東欧で信仰される「東方正教会」は、死者復活の伝承を積極的に排斥しなかったので、東方正教会を信仰する地域だけに「よみがえる死者」の伝承が生き残り、吸血鬼伝承となったのです。

「東方正教会」と吸血鬼の関係

□：ヴァンパイアの伝承地
■：東方正教会の信者が多い地域

吸血鬼伝承がある地域のほとんどは、東方正教会の勢力が強い地方である。

（地図：ロシア、東欧北部、ポーランド、ドイツ、フランス、スペイン、イタリア、ルーマニア、バルカン半島、ギリシャ）

理由3　「改葬」の風習による遺体の異変発見

　東欧の南部、バルカン半島には、埋めた遺体を数年後に掘り返して埋葬しなおす「改葬」という習慣があります。このためバルカン半島では、埋葬した遺体に（吸血鬼化を疑うような）異常な事態が起きると、それをかならず発見してしまうのです。
　バルカン半島以外の地域では、墓を掘り起こさないので遺体の異変に気づきません。そのため、異常な死体を見つけて吸血鬼を意識することがないのです。

吸血鬼の名前の種類

西ヨーロッパでは、吸血鬼を「ヴァンパイア」と呼びます。ですが本来、東欧では、吸血鬼の名前にはいくつもの種類がありました。その多くは「ヴァンパイア」とはまったく似ていない名前なのですよ。

地方ごとの"吸血鬼"の名前

79ページの「吸血鬼種族」の章で紹介したように、東欧の民間伝承に登場する吸血鬼には多くの種族があり、異なる特徴と名前を持っていました。吸血鬼の名前の由来と、地域ごとの分布は以下のようになっています。

ストリゴイイ(strigoi)＝魔女&怪鳥系

ポーランド、スロベニア、ルーマニアなど、バルカン半島の北方の国で使われる名前。古代ローマ神話に登場する、子供をさらう有翼の魔女「strix(ストリクス)」が語源です。ローマ神話発祥の地イタリアでも、魔女のことを「strega(ストレガ)」と呼びます。

ヴァンピール(vampir)系

「ヴァンパイア」の語源となった名前で、おもに東欧の北部に住むスラブ人が使っていました。現在ではロシア、ウクライナ、ポーランドなどの国にこの系統の名前が残っています。

モロイ(moroi)＝夢魔系

夢魔を意味するスラブ語「mora(モーラ)」が語源となった名前です。夢魔とは、寝ている人間にのしかかり、首を絞めたり精気を吸う怪物のことです。この名前はおもにバルカン半島北東部の、ルーマニアとチェコで使われています。

ヴコドラク(vukodlak)＝"人狼"系

セルビア、ギリシャ、ブルガリアなど、バルカン半島南西部で使われる名前です。もともとは「人狼」を意味する言葉でした。ルーマニアにも、同じように人狼から発展した「ヴァルコラキ」という名前があります。

「ヴァンパイア」という名前の由来

> そういえば、下々の者が我が種族を「ヴァンパイア」と言い出したのは、ここ200年か300年くらいのことだったかしらね。なんで突然、名前が変わっているのかしら。

> お嬢様、よく覚えておいでです。
> 実は、ヴァンパイアという名前は、西の果てに住む「イギリス人」という者たちが、自国の民衆に我が種族のことを伝えるために生みだした、彼らの独自の言葉なのです。

> ええっ、そうだったんですか!?
> 子供のころに読んだ本では「ヴァンパイア」でしたから、てっきり地元のみなさんもそう呼んでいるものだと思っていました……。

「ヴァンパイア（"vampire"）」とは、吸血鬼をあらわす英語です。東欧の大国「神聖ローマ帝国」が作った吸血鬼報告書（→p66,68）を、イギリス人が母国に紹介するとき、報告書が使っていた吸血鬼の種族名 "vanpir（ヴァンピール）" を英語風に読み替えたため、この名前になったという経緯があります。

ヴァンパイアの語源になった "vampir" という名前は、スラブ人のルーツであるロシア西部などで使われていた「ウピル（"upir"）」という単語が変化したものです。この "upir" の意味については、以下のように複数の説があり、正しい意味はまだわかっていません。

"vampire"ができるまで

upir（ウピル）：ロシア語
↓ 移動し変化
vampir（ヴァンピール）：セルビア語
↓ 翻訳・造語
vampire（ヴァンパイア）：英語

"upir"の語源の説いろいろ

血を「飲む」という意味の単語

吸血鬼が人間の血を飲むことから、「飲む」という意味の単語が変化して "upir" になったという説です。

この「飲む」の出所には、有力な候補が2つあります。片方は吸血鬼を代々語り継いできたスラブ民族の古い言語 "pi" が変化したというもの。もうひとつは、中世トルコ語で飲み込むという意味の "op" が変化したというものです。

「怪鳥」や「魔女」を意味する単語

別の妖怪の名前を転用したという説です。まずは古いスラブ語で「飛ぶもの」を意味する "pir" に、否定の "o" をつけて、鳥に似て非なる者 "opir" と呼んだという説があります。実は古い時代の吸血鬼は、翼と長いくちばしを持って空を飛ぶ妖怪だったという説があるのです。（→p92）

また、中世トルコ語で魔女を意味する「uber」が語源という説もあります。

吸血鬼の特徴

吸血鬼の生まれたワケを知るのもいいけど、僕たち吸血鬼と戦う人間にとっては、「吸血鬼ってどんなヤツなのか」を知るほうがずーっと重要なんだよね。
見てろよー、吸血鬼の行動パターンを丸裸にしてやるっ！

注意！　吸血鬼の特徴、生態を知る前に

さて、これから吸血鬼という種族の特徴についてお話しするわけですが、その前にお嬢様に知っておいていただきたいことが、ふたつほどございます。
これらを踏まえてここからの説明をお聞きください。

全員共通の特徴ではない

吸血鬼の特徴には、種族ごとに大きな差があります。この章で紹介しているのは、多くの吸血鬼が持つ多数派の特徴や、複数の種族が持つ特徴の寄せ集めであることに注意してください。

創作の吸血鬼は別物

創作に登場する吸血鬼の特徴は、民間伝承の吸血鬼を参考に設定されていますが、完全に同じではありません。
この章ではあくまで、民間伝承の吸血鬼の特徴だけを紹介します。

吸血鬼の外見

　81ページでも説明したとおり、東欧の民間伝承に登場する吸血鬼は、貴族ではなく庶民です。彼らはヨーロッパの死装束である、白い布を巻き付けたような服「shroud（屍衣）」に身を包んだ姿であらわれることが多いようです。

　肉体は、基本的には生前の姿と同じですが、生前よりも血色がよく、太った外見になっています。爪は長く伸び、左目だけを見開いている姿がよく知られています。

　地方によっては、体に骨がなく、人間の皮の中に血液が詰まった「動く血液袋」のような肉体になっている吸血鬼もいます。

吸血鬼の特殊能力

われわれ吸血鬼は、人間たちが到底持ちようのない、特別な能力をいくつも持っています。吸血鬼の能力は地方ごと、種族ごとに違います。ですが、多くの吸血鬼が身につけている「ポピュラーな能力」がいくつかありますね。

動物変身、動物支配

吸血鬼の多くは変身能力を持ちます。一般的にはコウモリ、狼、猫、鳥、昆虫などの動物に変身しますが、巻き藁などの無生物に変身できる者もいます。

野生の動物や昆虫を、意のままにあやつることもできます。狼の支配が有名ですが、より危険なのはネズミの群れをあやつり、都市に疫病をまきちらす力です。

催眠術、念動力、自然支配

吸血鬼の特技として有名なのが、催眠術のような能力です。吸血鬼はこれで人間を気絶させたり、混乱させたり、吸血鬼の思うままにあやつります。

念動力のような力で、人間の家や家具、食器などを揺らして怖がらせたり、雨雲や雷、嵐といった自然現象をあやつる能力を持つ者もいます。

繁殖能力

吸血鬼は、ふたつの方法で新しい吸血鬼を生み出します。まずは吸血行為による繁殖です。吸血鬼に血を吸われて死んだ人間は、死後に吸血鬼になります。

もうひとつの方法は性行為です。バルカン半島の男性吸血鬼は、死後に自分の妻のところにあらわれ、性交して子供を産ませるのです。

運動能力、肉体変形

吸血鬼は、人間数人分に匹敵する腕力を持ち、すさまじい速度で走ります。さらに、垂直な壁面に蜘蛛のようにへばりついて動くこともできます。

また、吸血鬼は体の大きさを自在に変えることができます。吸血鬼はこの力を使って、釘で封印された棺桶から抜け出し、鍵がかかった建物に侵入します。

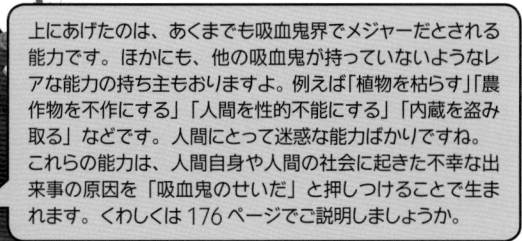

上にあげたのは、あくまでも吸血鬼界でメジャーだとされる能力です。ほかにも、他の吸血鬼が持っていないようなレアな能力の持ち主もおりますよ。例えば「植物を枯らす」「農作物を不作にする」「人間を性的不能にする」「内蔵を盗み取る」などです。人間にとって迷惑な能力ばかりですね。
これらの能力は、人間自身や人間の社会に起きた不幸な出来事の原因を「吸血鬼のせいだ」と押しつけることで生まれます。くわしくは176ページでご説明しましょうか。

吸血鬼の生態

吸血鬼がどんな生物……いえ、我々は「生きて」いませんから、「存在」と言うべきですね。ともあれ吸血鬼がどんな存在かわかったところで、次は吸血鬼の行動原理、行動パターンを説明しましょう。生物に例えるなら「吸血鬼の生態」となるでしょうか。

吸血鬼が生まれる"原因"

吸血鬼は、人間の死体が変化して生まれる怪物です。死体が吸血鬼化する原因は、大きく2種類に分けられます。ほかの吸血鬼の力で吸血鬼に変えられる場合と、それ以外の理由で自然に吸血鬼になる場合です。

原因①：吸血鬼による吸血鬼化

吸血鬼に血を吸われた人間や、吸血鬼が生ませた子供は、死後に高い確率で吸血鬼になります。ただし民間伝承では、創作作品でよく見られる「新しく作られた吸血鬼は、自分を吸血鬼に変えた者の下僕になる」という様子はほとんど見られません。

原因②：自然発生的な吸血鬼化

普通に生まれ、正しい人生を送り、正常な死を迎え、適切な方法で埋葬された死者は、よほどのことがない限り吸血鬼になりません。死者が吸血鬼になるのは、以下のような理由で、これらの原則が守られなかったときです。

不吉な産まれ	宗教的に不吉な生まれ方をした者は、死後に吸血鬼になります。不吉な日に生まれた、誕生時から髪や歯があるなどの例があります。
宗教的タブー	売春、殺人、裏切り、魔術の使用などの不道徳な行為をした者、狼に殺された羊を食べたものは、吸血鬼化する確率が高まります。
不自然な死	事故死、自殺、殺人、溺死、疫病による死など、普通でない状況で死んだ者は、埋葬後に吸血鬼になる可能性があります。
埋葬の失敗	埋葬手順のミスや、葬儀中の事件も遺体を吸血鬼化させます。遺体や墓を猫にまたがれた、納棺姿勢の間違いなどが有名です。

吸血鬼の活動

人間の死体が変貌し、吸血鬼として生まれかわった者は、吸血鬼の本能にしたがって活動をはじめます。吸血鬼の行動目的は、おおむね以下の3つのパターンに集約されると言ってよいでしょう。

吸血行為

吸血鬼の最大の目的は、人間を襲って血を吸うことです。彼らは家のなかに入り込むと、寝ている人間の胸から血液を吸ったり、胸の上にのしかかって窒息させます。厩舎にいる家畜から血を吸うこともあります。

性交渉

東ヨーロッパの吸血鬼のなかには、人間と性行為を行って子供を産ませる習性がある、男性型の吸血鬼がいます。

彼ら吸血鬼が性交渉の対象として選ぶのは、生前の妻であることが多いようです。

襲撃、殺戮

吸血も子作りもせず、ただ人間を襲う吸血鬼もいます。家の中にいる人に呪いをかけたり、人間をにらみつけて殺します。また、吸血鬼が活動している街では、ペスト（黒死病）などの疫病が流行し、多くの死者が出ます。

吸血鬼の寿命

吸血鬼といえば、弱点を突かれて滅ばない限り不老不死というイメージがありますが、民間伝承の吸血鬼は、不老不死とは限りません。例えばバルカン半島で放浪生活をしているロマ族（通称ジプシー）の伝承によると、吸血鬼は生まれてから数ヶ月しか活動できない、あるいは40日間しか活動できないと信じられています。

また、吸血鬼は30年以内に滅ぼさないと人間になるという伝承もあります。

吸血鬼はどのように血を吸うか？

吸血鬼の話を聞いてると、いつも不思議なんだけどさ。民間伝承の吸血鬼って、どうやって「胸から」血を吸うの？

だって想像してみてよ。あおむけに寝てる人間に、馬乗りになって、相手の胸に噛みつけると思う？ 104ページの「ウピオル」みたいに舌が針になってるならともかく、普通に考えたらかなり難しいよ。

そう思って聞いてみたら、「胸から血を吸う」っていうのは、「血を吸うなら心臓からだろう」っていう思い込みのせいでできたっぽいんだって。いい加減だなー。

吸血鬼退治の5ヶ条

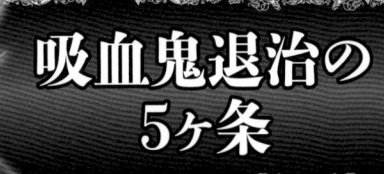

吸血鬼はたしかに強いけど、弱点がある！ そこをビシっと突けば、人間だって吸血鬼を倒せるのさ……。これから教えるのは吸血鬼退治の鉄則！ この5ヶ条があれば、吸血鬼なんて怖くないぞ！

吸血鬼に立ち向かうには、5つの対策が必要！

TPOに応じて使い分け

予防する
吸血鬼は人間の死体が変化したものです。適切に処置すれば、吸血鬼は生まれません。

見つける
吸血鬼が生まれたら、まずその居場所を見つけ、正体を見破ることが大事です。

滅ぼす
吸血鬼対策の究極は、生まれた吸血鬼を滅ぼして、元の死体に戻すことです。

追い払う
吸血鬼に襲われた場合でも、吸血鬼を追い払えば難を逃れられます。

近づけない
人間の近くに吸血鬼を近寄らせなければ、吸血鬼の害を防ぐことができます。

吸血鬼退治っていうと、どうしても吸血鬼と戦って滅ぼすところが目立つんだけど、本当は直接戦うだけじゃなくて、予防をしたり被害を避けるのも大事なんだ。このへんは、現代の伝染病対策とよく似てるね！

吸血鬼退治の5ヶ条 ①

吸血鬼の発生を"予防"する

吸血鬼対策の最良の手段は「この世に吸血鬼を生み出さない」ことです。そのため「死体を吸血鬼にしない」ことがもっとも重要です。

166ページで説明したように、吸血鬼とは人間の遺体が変化したものです。

ただし吸血鬼化する遺体は、吸血鬼に殺されたり、宗教的に特殊な死に方をしたなど、特別な条件を満たしたものだけです。そのため「吸血鬼になりそう」な人間が死ぬと、吸血鬼化を防ぐために以下のような予防策がとられます。

神秘的な"予防"
神の力やおまじないなど、神秘的な力によって吸血鬼化を押さえ込もうとする対策です。

・**神聖な道具を棺に入れる**
十字架や聖水などの神聖性が、遺体の吸血鬼化を防いでくれます。

・**棺にタールで十字架を描く**
粘り気のある黒い液体「タール」で棺に十字架を描きます。タールの強烈な臭いが、遺体の吸血鬼化を防ぎます。

・**遺体に熱した油をかける**
ギリシャの風習です。遺体に熱した油をかければ、遺体は吸血鬼になりません。

・**遺体の皮膚に穴を開ける**
吸血鬼は「遺体に悪魔が息を吹き込む」ことで生まれると解釈する地方では、皮膚に穴をあけて息が漏れるようにして、遺体が吸血鬼になることを防ぎます。

・**遺体から血を吸った吸血鬼を滅ぼす**
遺体が生前に吸血鬼に襲われた場合、その吸血鬼を倒しておく必要があります。

物理的な"予防"
遺体や棺を物理的に加工することで、遺体が動き出すことを防ぐ予防法です。

・**遺体に鋭いものを刺す**
遺体に針や釘を刺したり、あらかじめ心臓に杭を打ち込んでおきます。こうすれば遺体が動き出すことはなくなります。

・**遺体を縛る**
これも遺体が動かないようにする方法です。両足を縛ったり、足の指を接着します。

・**遺体を切断する**
遺体をあらかじめ破壊して、復活しても身動きできないようにする予防法です。心臓を摘出したり、足の腱を切ったり、首を切断して股の間に置きます。

・**口の中に物を入れる**
コインやレンガなどを遺体の口内に入れて埋葬する方法です。
吸血鬼は屍衣（死に装束）を噛むことで人間に呪いをかけるので、異物を入れて口を閉じられないようにします。

いちばん確実な予防法は、死体を「火葬」することです。肉体がなければ吸血鬼になることはできませんのでね。……もっとも、欧州の人間は「宗教上の理由」とかで火葬をしませんから、実際には吸血鬼が生まれ放題になっているわけです。

吸血鬼退治の5ヶ条 ②

吸血鬼を"見つける"

吸血鬼化の予防が失敗するなどの理由で、吸血鬼が生まれてしまったら、被害が出る前に吸血鬼の居場所を早期発見することが重要です。

吸血鬼を見つけるには「墓」と「人」を見ることが重要です。埋葬された人が吸血鬼化した墓や、人間に化けている吸血鬼には、かならず人間と違う痕跡があらわれます。

①：吸血鬼の墓を"見つける"！

吸血鬼は毎晩棺から這い出し、朝に棺に戻るため、墓には出入りの痕跡が残ります。吸血鬼は体を霧状に変化させる能力を持つため、地面に小さな穴があるだけでも吸血鬼の存在が疑われます。ほかには呪術的な方法を使って吸血鬼のいる墓を特定する手段があります。

ここをチェック！

- 地面に指一本分の穴がある
- 常に霧が出ている
- 墓石や十字架が動いた跡がある
- 土がかき回されている
- 童貞の少年をのせた処女馬が、墓の前で足を止める
- 墓地に撒いた灰や塩に足跡がある

②：遺体の正体を"見分ける"！

吸血鬼になった遺体は、164ページに書かれているような外見に変化するため、すぐに見分けが付きます。

外見から断定しにくい場合は、遺体を解剖してみます。肝臓が白く変色していたなら、その遺体が吸血鬼化している証拠です。

ここをチェック！

- 目が開いている
- 血色がよく、体がふくらんでいる
- 爪や髪が伸びている
- 左目を見開いている
- 遺体が腐敗していない
- 口の周り、棺、墓に、血液がついている
- 肝臓が白く変色している

③：人間？の正体を"見分ける"！

吸血鬼が活動できる時間に人間と出会った場合、その人が本当に人間なのか、正体を隠した吸血鬼なのかを見分ける必要があります。

そのためには、外見的特徴に頼りすぎず、右にあげたような「吸血鬼ができない行動」を吸血鬼に命じてみるのが得策です。

ここをチェック！

- 身体能力が異常に高い
- 足音が静か、生臭い吐息
- 招かれなければ家に入れない
- 宗教の話を嫌う
- 食事をとらない
  （※食べる地方もある）
- 鏡に映らない（※ 北方のみ）

「ヴァンパイア」を作ったコウモリ

ヴァンパイアと縁の深い動物といえば、真っ先にあげられるのは「コウモリ」だろう。

夜行性の哺乳類であるコウモリは、ほぼ世界中に分布していて、約950もの種類がいる。そのなかには"血液だけを食料にする"という、いかにも吸血鬼的なコウモリがいるのだ。

このコウモリは、中南米やカリブ海の島々に生息している「チスイコウモリ（Vampire bat）」と呼ばれる種だ。一般にチスイコウモリと言う場合は、中南米に広く生息する、体長10cm未満の「ナミチスイコウモリ」を指す。

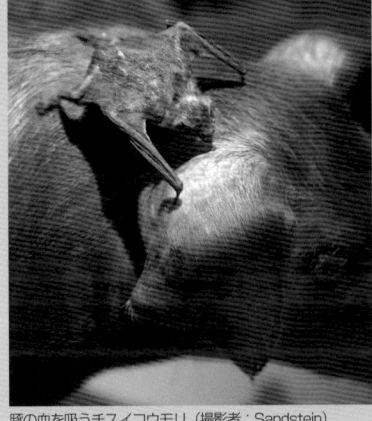

豚の血を吸うチスイコウモリ（撮影者：Sandstein）

チスイコウモリは、基本的に100〜200頭ほどの群れで暮らす。夜になると獲物を求めて飛び出し、おもに豚や牛などの家畜の皮膚を鋭い牙で傷つけ、そこから流れる血を舐めて栄養を取るのだ。

大航海時代にヨーロッパへ

チスイコウモリの別名「vanmpire bat」は、ヨーロッパ人が名付けたものだ。彼らが新大陸への冒険に熱狂した大航海時代、中南米で出会ったチスイコウモリの生態がセンセーショナルに伝えられ、この名がつけられたのである。

チスイコウモリの特徴は、西ヨーロッパで吸血鬼のイメージ作りに取り入れられた。東欧では吸血鬼があやつる動物といえば狼であることが多かったが、創作作品では、吸血鬼はコウモリに変身したりコウモリを使役するほか、チスイコウモリと同じように赤い目と鋭い牙を持つようになったのだ。

コウモリ以外の給血生物

血を吸う生物はコウモリだけではない。日本人にもっとも身近な吸血生物といえば、夏の風物詩である"蚊"だろう。ちなみに、動物の血を吸うのは産卵期のメスの蚊だけだ。彼らはふだんは植物の蜜や樹液を飲んでいるが、卵を作る材料としてタンパク質が必要なため、産卵期は動物から血を吸うようになる。

このほかにも、ヒルやノミ、シラミ、一部のハエ、南米に生息する「ダーウィンフィンチ」という鳥なども、血を食料にしている。これらが吸血鬼と関連づけられることはあまりないが、吸血生物は病原菌やウイルスを媒介するため、人間にとっては吸血鬼と同様に危険な存在である。

吸血鬼退治の5ヶ条 ③

吸血鬼を"近づけない"

一部の例外を除き、吸血鬼の害は、吸血鬼から直接もたらされるものです。そのため「吸血鬼を人間に近づけさせない」のは非常に効果の高い吸血鬼対策です。

多くの吸血鬼は夜行性の生態を持ちます。そのため、吸血鬼を人間がいる場所に近づけないためには、吸血鬼が眠っている墓から「出さない」ことや、人間が住んでいる家の中に、吸血鬼を「入れない」ことが有効な対策になります。

対策①:墓から出さない!

吸血鬼を墓から出さないためには、呪術的な方法と、物理的な方法の両方が使われます。

うつぶせに埋葬するのは、復活した吸血鬼が目の前の土を掘り進む習性を利用し、地上ではなく地下へ向かって土を掘るよう誘導する方法です。

棺のなかに刃物などを仕掛ける目的は、動き出した吸血鬼が刃物やトゲで傷つけられて、外に出られなくなることを期待したものです。

埋葬時に行うこと

- うつぶせに棺に入れる
- 十字路に埋葬する
- 棺に刃物、杭、イバラなどを設置する

吸血鬼発見後でもできること

- 墓場や吸血鬼の通り道に、雑穀や植物の種子をまく
- 墓場に網を置いておく

対策②:家に入らせない!

まずは吸血鬼に、侵入するべき家を認識させないことが重要です。遺体を壁の穴から運び出すのは、自分が出てきた入り口をなくすため。葬儀のときに顔を汚すのは、吸血鬼が誰の家に行けばいいかわからなくするためです。

家に吸血鬼が嫌うものを置いたり、吸血鬼が「招かれなければ家に入れない」ことを利用し、夜は外からの呼びかけを無視する方法もあります。

埋葬時に行うこと

- 遺体を、家の壁に開けた穴から運び出す
- 葬式のとき、顔にススなどを塗っておく

吸血鬼発見後でもできること

- ニンニク、ヒイラギ、ビャクシンの木などを置く(魔除けの効果)
- 聖水、ドアにタールで描いた十字架、宗教画、香などを設置
- 家の外から呼ばれても無視する

吸血鬼には、ひとつのことに集中しすぎる性質があるんだ。だから、たくさんの種や網をみつければ、種の数や網の目の数を数えちゃうし、十字路があるとどっちに行けばいいか迷って動けなくなるんだよ。

吸血鬼退治の5ケ条 ④

吸血鬼を"追い払う"

もし吸血鬼と鉢あわせしてしまったら、目の前の吸血鬼を追い払わなければいけません。そのためには、神聖な道具を使うのがもっとも効果的です。

吸血鬼は、人間をはるかに上回る身体能力を持っていることが多いので、まともに戦っても勝ち目はありません。そのため呪術的なもの、神聖なものを突きつけることがもっとも有効です。直接戦うのはあくまで最後の手段とするべきでしょう。

対策①:苦手なものを突きつけろ!

吸血鬼には、突きつけられると近づくことができない、苦手な品物がいくつかあります。

まずは神聖な物品です。吸血鬼を追い払う効果があり、低級な吸血鬼なら触れるだけで滅ぼすこともできます。また、吸血鬼は強烈な臭いや、炎、鐘の音も嫌うため、ニンニクや火のついた薪などが苦手です。

吸血鬼が嫌う物品いろいろ

- 十字架、イコン画(東欧のキリスト教宗派「正教」が公認した宗教画のこと)
- ニンニクの実や花
- 教会が作ったお香
- 火のついた薪
- 鐘の音

対策②:特別な武器で戦え!

吸血鬼と戦うときに頼りになるのは、銀のナイフや銀の弾丸です。もともと人狼の弱点として有名なものですが、吸血鬼にも効果があります。

神の祝福を受けた剣も有効です。特に持ち手が十字になっていると、吸血鬼に剣をつかまれるのを防ぐことができます。ただし、吸血鬼の身体能力は人間より高いので、戦いの素人では返り討ちにされてしまうでしょう。

吸血鬼にダメージを与えられる武器

- 銀のナイフや弾丸
- 剣(特に持ち手の部分が十字になっているもの)
- 聖水(瓶ごと投げつける)

なぜ十字架が有効なのか?

キリスト教徒の遺体を埋葬する棺には、たいてい十字架が描かれています。毎朝墓に戻る吸血鬼が「十字架が苦手」というのは不思議ではありませんか?
一説によりますと、吸血鬼は「十字架ではなく、それを持つ人の信仰心を恐れている」のだそうです。神への信仰を深めれば、あなたも吸血鬼を恐れる心配はなくなりますよ。

吸血鬼退治の5ヶ条 ⑤ 吸血鬼を"滅ぼす"

吸血鬼を滅ぼすには、種族ごとに違う弱点を見抜き、適切な方法を用いる必要があります。方法を間違えると、強化されて復活する種族もいるので注意です。

多くの民間伝承では、吸血鬼の最大の弱点は、生命の源である「心臓」です。なんらかの方法で吸血鬼の心臓を破壊すれば吸血鬼を滅ぼすことができますが、心臓を破壊されても復活する吸血鬼もいるため、その場合は特別な対策が取られます。

心臓に杭を打ち込む

棺の中で寝ている吸血鬼の胸に杭を打ち込んで、心臓を破壊する退治法です。

心臓と血液に深い関係があることは古くから知られており、生命の源である血液を送り出す心臓さえ破壊してしまえば、不死の存在である吸血鬼を滅ぼすことができると信じられていました。

心臓を摘出する

心臓に杭を打ち込むだけではなく、心臓を摘出して焼き、完全に破壊する地方もあります。セルビアでは、摘出した心臓をワインで煮詰めて遺体に戻します。

ルーマニアでは、摘出した心臓に焼けた釘を何本も打ち込み、心臓が二度と機能しないようにします。

水に沈める

吸血鬼が流れる水に弱い（→ p37）ことを利用した退治法です。水には悪や罪を洗い流す力があるため、水は吸血鬼を滅ぼし、それが不可能でも動きを止める力があると信じられていました。そのため吸血鬼を川などに投げ込めば、その吸血鬼が復活する可能性はなくなります。

首を切り落とす

遺体の首を切り落とす方法は、吸血鬼化の予防（→ p169）のために行われますが、すでに吸血鬼になった遺体にも有効な場合があります。

ただしこの方法で絶対に吸血鬼を滅ぼせるとは限らないので、その地方の吸血鬼の特性をよく調べて行う必要があります。

狼に襲わせる

ブルガリアの吸血鬼は、死後40日たって人間の姿を獲得すると、杭でも首切りでも滅ぼせなくなります。こうなった吸血鬼を倒せるのは狼だけです。

ルーマニアには、白い狼がジプシーの集落を守っており、地下から出てくる吸血鬼を食い尽くすという伝承があります。

火葬する

究極の吸血鬼退治法で、ほぼすべての吸血鬼に効果があります。なぜなら、肉体を焼いてしまえば、吸血鬼として活動するための肉体がなくなるからです。

火葬は、キリスト教的に不道徳で、財産的負担も大きい（大量の薪が必要）ため、吸血鬼退治の最後の手段です。

吸血鬼の寝込みを襲いたいなら、土曜日がオススメだよ。
土曜日は一週間で唯一「吸血鬼が活動しない日」だから、吸血鬼がかならず墓の中にいるし、いきなり起きてきて反撃を食らうこともないのさ！

杭打ちの心得

寝てる吸血鬼に杭を打って滅ぼすのって、簡単だと思ってる？
実はただ単に杭を打つだけじゃだめなんだ。ボクたちプロしか知らない杭打ちのノウハウを、こっそり教えちゃうよ！

なぜ"杭を打つ"のか？

吸血鬼の心臓に杭を打ち込むのが、心臓を破壊するためだということは左のページで述べました。ですが「杭打ち」にはもうひとつの目的があります。それは、吸血鬼の肉体を地面に固定して、起き上がれないようにすることです。

よく創作の吸血鬼作品では、活動中の吸血鬼に対し、ヴァンパイアハンターが杭を持って立ち向かう姿が描かれますが、これは吸血鬼退治の常識からは外れた演出といえます。杭とは、寝ている吸血鬼に打ち込み、地面に縫い付けるものなのです。

セイヨウサンザシの枝。葉っぱに混じって鋭いトゲが生えているのが特徴。

杭の威力を増す工夫

吸血鬼に打ち込む杭は、材質にもこだわる必要があります。杭の材料として使われる木材は、トネリコ、ビャクシン、クロウメモドキ、セイヨウサンザシなどで、特にセイヨウサンザシがもっともよいそうです。

また、杭の先端に、吸血鬼が嫌うもの（ニンニクや聖水）を塗りつけたり、神に祈りながら打ち込むと、吸血鬼を滅ぼす力が強くなります。

返り血に注意！

胸に杭を打ち込まれた吸血鬼は、恐ろしい声をあげながら、体内にため込んでいた血液をまきちらして滅びます。このとき周囲にいる人は、吸血鬼の血液を浴びないように気をつけなければいけません。ロマ族（ジプシー）の伝承によれば、吸血鬼の血を浴びた者は、死後に吸血鬼になるからです。そのため杭を打ち込む者は、牛の皮のエプロンをかけて、血が体にかからないように作業します。

誤って吸血鬼の血を浴びてしまった場合は、吸血鬼が埋葬されていた墓の土を食べたり、吸血鬼の血をなめることで死後の吸血鬼化を防ぐのだそうです。
ですが、血を浴びると吸血鬼になるのに、血をなめると吸血鬼化を防げるというのはどういう理屈なのでしょう？

科学で迫る！吸血鬼タネ明かし

66ページで紹介したペーター・プロゴヨヴィッチが典型的な例ですが、人間たちは、異常な変質を見せた遺体を「吸血鬼だ！」と言って恐れました。ですがその遺体は、本当に吸血鬼だったのでしょうか？　実は東欧の人間たちが「吸血鬼化の証拠」だと騒いでいた現象の多くは、現代の科学で説明がついてしまうのです。ええ、例えば、このような具合でね。

Case1.

3ヶ月前に自殺した農夫の墓を掘り起こしてみたら、口のまわりにべっとりと血がついておった！　あいつめ、やっぱり吸血鬼になっておったんじゃ。あわてて胸に杭を打ち込んだら、やつが吸った血が大量に噴き出しおったわい。

Answer

まず最初に確認しますが、その農夫の遺体、吸血鬼化対策のためにうつぶせに埋葬しましたね？　ならば口のまわりに血がつくのは当然です。体内に残った血液は、重力に引かれて出口から出るのですから、うつぶせになっているなら、口から出るのが当然でしょう。杭を打ったときの大量の「血」ですが、それは本当に血液ですか？　実は人間の死体が腐敗するとき、条件が整うと、分解された肉体が赤い液状に変化してしまうことがあるのです。これが肺の中などにたまると、胸を杭で貫いたときに大量の「赤い液体」が噴き出しますよ。

Case2.

ぐぬぬぬ、だが変化したのは血だけではないぞ。死体の古い皮膚がはがれ落ちて、赤黒い新しい皮膚になっておったし、爪が抜けて生え替わっておった。皮膚や爪が新しくなるのは生きている証拠じゃろう？
やっぱりあやつは吸血鬼になったんじゃ！

Answer

死体の皮膚がはがれ落ちて、下から新しい赤い皮膚があらわれる……それは「スキン・スリッページ」といって、皮膚の表面部分「表皮」だけがはがれて「真皮」という下の組織が見えている状態です。新しい皮膚ではないのですよ。
あなたが新しい爪と言っているのも、爪がはがれたあとの皮膚が変質したもので、爪ではありませんね。ちなみに古代エジプトのミイラ職人たちは、時間がたつと死体の爪がはがれることを知っていたので、爪と指をひもで縛って外れないようにしたそうですよ。

Case3.
あの空き家かい？ あそこには7人家族が住んでいたんだが、ここ1ヶ月のあいだに全員弱ってバタバタと死んでしまってねえ。最初に死んだ長男がかなりの悪党だったから、あれが最初に吸血鬼になって、家族を全員殺しちまったんだろうな。このへんじゃ吸血鬼は家族しか襲わないっていうしね。

Answer
「吸血鬼が家族しか襲わない」という伝承は、たいていの場合「伝染病」が原因ですよ。衛生観念が発達した今となっては信じられないことですが、昔は家族の誰かが伝染病にかかると、同じ家で暮らしている家族全員に病気が伝染して、一家が全滅してしまうことが珍しくなかったのです。

Case4.
隣の家の未亡人、もうすぐ子供が生まれるらしいよ。旦那が死んでからもう3年もたってるのにおかしいよな……そうなると、旦那が吸血鬼になって、奥さん相手に子作りしにきたんだな、くわばら、くわばら。

Answer
ご婦人の名誉を傷つけるようで心苦しいのですが、べつに子づくりをする相手が夫だとは限らないのではないですか？ 吸血鬼になった旦那さんではなく、名前の言えない"お相手"の子供だというほうが現実的ですよ。

Case5.
兄さん、その廃墟に近づいちゃいけないよ。そこは異端の宗派を信じる吸血鬼が、神殿だとか言って使っていた異端のアジトなんだ。邪悪な目線で墓から屍体をよみがえらせる、とびきりヤバいやつさ。

Answer
得体のしれない死体の変化を恐れるのならまだしも、人間どうしの権力争いまで吸血鬼のせいにしてしまうのが人間という種族の度し難いところです。彼が指摘している「吸血鬼」は、「エレチク」といって、れっきとした人間です。東欧のキリスト教徒は、異教徒や、対立する宗派の聖職者を「吸血鬼（エレチク）だ！」と決めつけて弾圧したのですよ。

吸血鬼文化のできるまで

東欧の民間伝承だったころの吸血鬼が、私が知っている吸血鬼とかなり違うことはよくわかりました。でも、なんでこんなに劇的に変わってしまったのでしょう？ 特殊能力は民間伝承のものに近いですけど、外見なんてまったく別人ですもの。

変質していく吸血鬼像

東ヨーロッパの民間伝承のなかで生まれた「本来の吸血鬼像」は、吸血鬼が西ヨーロッパに紹介され、文学作品のキャラクターになるにつれて大きく変わってしまいました。

ただし文学作品の吸血鬼の特徴には、民間伝承で語られた吸血鬼の特徴も色濃く残されています。変わらない部分、変わった部分の代表的なものは以下のとおりです。

民間伝承と文学の吸血鬼の違いと共通点

文学		民間伝承	
人間の血を吸う	生態	人間の血を吸う	同じ
十字架、ニンニク、杭が弱点	弱点	十字架、ニンニク、杭が弱点	同じ
牙が生えている	牙の有無	牙はない	違う!
青白い肌と貴族の服	外見と服装	赤みがかった肌と屍衣	違う!

上でシスターも言っているけど、特に外見に変わった点が多いようなのだわ。クラウス、これは何か理由があるの？

その「理由」をご説明するのも、この章の目的のひとつです。
まずは吸血鬼がまだ「屍衣を身につけた農民の屍体」だったころの時代にさかのぼって、吸血鬼が「変わった」理由を探ってみましょう。

人々は、どのくらい吸血鬼を信じていた?

> 我ら吸血鬼の一族が、東欧だけでなくヨーロッパ全土に知れ渡ったのは、17～18世紀ころだと言われております。
> このころの東欧の人間は、どの程度吸血鬼の実在を信じていたと思われますか？

> 17～18世紀といいますと……キリスト教の教会が腐敗したために「宗教改革」が行われた時期で、イギリスで「産業革命」が始まる直前のようですね。
> これだけ最近ですと、吸血鬼を信じる人はだいぶ少なそうに思いますけど……。

階級ごとに違う、吸血鬼に対する認識

権力者、宗教者、役人は……

17、18世紀のヨーロッパでは、上流階級の人々には科学的で現実的な思考が身についており、吸血鬼の伝承は「あくまで民間の迷信」だと考えられていました。

そのため当時の権力者や宗教関係者は、民衆に「吸血鬼は迷信であり、実在しない」と教えていました。

吸血鬼を信じていなかった

東欧の一般民衆

17、18世紀の東欧の一般民衆は、ほとんどが畑を耕したり、家畜を飼って暮らしている農民です。

彼らは科学的な教育を受けていないため、吸血鬼が実在すると信じており、「自分や家族を殺すかもしれない怪物」として、本気で恐れていました。

吸血鬼を強く信じていた

このように、東欧において吸血鬼の実在を強く信じていたのは、権力者や知識層ではなく、無学な一般民衆でした。

59ページからの「実在した吸血鬼」の章には、権力者によって吸血鬼と糾弾された者もいますが、彼らはどちらかというと、権力争いの勝者が、敗者の断罪を正当化するために「この者は吸血鬼だ」というレッテルを貼られた存在です。つまり断罪する側の権力者は、吸血鬼の実在を信じているわけではないのです。

> へえ、貴族たちと一般庶民のあいだで、ずいぶんギャップがあったのね。

> この時代の東欧の農民っていうと、せいぜい教会で読み書きを教わるくらいで、学校教育すら受けていないもんね。
> それで迷信を信じるなっていうのは無理があるよ。

> この「貴族と庶民の認識のギャップ」が、東欧だけで知られていた吸血鬼を世界に広める原動力になったのです。
> そのあたりの事情を、次のページでご説明します。

吸血鬼が世界に広まるまで

東ヨーロッパのローカルな怪物であった我々「吸血鬼」が、世界中の誰もが知っているような有名な存在になったのはなぜか？ その理由を、時系列を追ってご説明しましょう。

「吸血鬼」が世界に知られるまでの流れ

①吸血鬼報告書の提出

18世紀ごろ、ドイツ、オーストリア、セルビアなどを領有する大帝国「神聖ローマ帝国」の政府に、その領地セルビアで発生した吸血鬼事件の報告書が提出されました。

吸血鬼が実在することを報告したこの書類は外国にも広まり、多くの人を驚かせました。

②吸血鬼報告書が、上流階級の話題に

ヨーロッパの貴族たちは、国の垣根を越えたつながりを持っています。そのため当時の社交界で、神聖ローマ帝国の吸血鬼報告書が話題のタネとなります。

こうして報告書の内容が、吸血鬼伝承をもたない西ヨーロッパの上流社会にも広まりました。

③小説、演劇の題材として大衆化

西ヨーロッパでは、上流階級に知れ渡った吸血鬼にヒントを得て、吸血鬼を題材にした詩、小説、演劇が多数作られました。

工業が急速に近代化した「産業革命」により、一般市民が裕福になると、小説や演劇は一般大衆にも楽しまれるようになり、ヨーロッパ中に吸血鬼をテーマにした作品が広まりました。

④映画として全世界へ！

20世紀初頭になると、吸血鬼は映画の世界に進出します。吸血鬼はホラー映画の悪役として大変な人気になり、吸血鬼を題材とする作品が、ヨーロッパやアメリカで多数作られました。

これらの作品が世界各地で放映された結果、吸血鬼の存在は世界中に知れ渡ったのです。

吸血鬼報告書ってどんなもの?

　西欧の上流社会が東欧の吸血鬼を知るきっかけとなったのは、1725年に発生した「ペーター・プロゴヨヴィッチ事件」（→ p66）の報告書です。これはドイツを中心に東欧諸地方を領有する大国「神聖ローマ帝国」に提出された公文書で、帝国から東欧、セルビア地方に派遣されたキリスト教の司祭によってまとめられたものです。

　この事件では、死亡した村人ペーター・プロゴヨヴィッチが「吸血鬼になった」とパニックを起こす民衆に対し、キリスト教の司祭が派遣されました。司祭は、キリスト教的に不道徳な「遺体の破壊と火葬」をやめさせようとしたのですが、村人のパニックはおさまらず、結局「吸血鬼退治」の作法（→ p168）にのっとって、ペーターの遺体が破壊されました。その生々しい記述が西洋の上流階級で話題となり、吸血鬼伝説が世界に広まるきっかけとなったのです。

吸血鬼伝説を広めた"サロン"ってなんだ?

この手の吸血鬼のうわさ話は、ヨーロッパの「サロン」で広まったんだ。お貴族様っておもしろい噂話に飢えてるから、東の国で吸血鬼っていう怪物が出たと聞いて、現代のホラー映画好きみたいに興味津々だったんじゃないかな。

まあ、どこの種族にもうわさ話が何より好きな者はいるのだわ。ところでシェリダン、その「サロン」というのは何なの?

サロンとはフランス語で「応接室」という意味です。お嬢様は滅多に足を運ばれませんが、もちろんこの館にもサロンはございますよ。

ヨーロッパの貴族社会では、貴族や王族どうしの結婚外交が進んでいて、欧州貴族はみんな親戚のようなものだったんです。ですから、サロンでのパーティを通じて情報交換や外交が行われることも多かったそうですよ。

「ドラキュラ」映画が大躍進

そして、数多く作られた吸血鬼映画のなかで、もっとも多くの人々に吸血鬼の存在を知らしめることになったのが、「ドラキュラ伯爵」の映画であることは周知の事実と言ってよいでしょう。

ええ、なんといっても、吸血鬼のことをほとんど知らなかった私でも見たことがあるくらいですからね!（えっへん）

全世界へ広まった吸血鬼文化のその後は、182ページで!

文学の吸血鬼が、姿と行動を変えたわけ

> 19世紀以降の創作作品では、物語の登場人物として、多くの「実在しない」吸血鬼が生み出されたのですが……このように生み出された吸血鬼は、東欧の民間伝承に登場する由緒ある吸血鬼とは違った特徴を持っています。

　小説や映画など、現代の創作作品で生み出された吸血鬼の特徴が（178ページであげたように）民間伝承の吸血鬼と違うのは、作品の演出上の都合です。
　伝承に忠実に作ると見栄えが悪かったり、理解しにくい特徴が改変された結果、現在我々がよく知る「夜の貴族」としての吸血鬼像が生まれたのです。

新しい特徴と生まれた理由

首筋から血を吸う

　創作作品の吸血鬼が、人間の首筋に噛みついて血を吸うのは、伝承のとおりに「胸から血を吸う」のは姿勢的に不自然だからです。そのため自然な動作で印象的なシーンを作れる「首筋」から吸血するのです。

地元の土を敷き詰めた棺で眠る

　吸血鬼は毎朝自分の墓で眠る必要がありますが、これでは吸血鬼が遠出できません。そこで『ドラキュラ』では、故郷の土を敷いた棺で眠ればいいという設定を作り、伯爵を遠いロンドンで活躍させました。

日光を浴びると灰になる

　この弱点は「吸血鬼は夜の悪魔だから、太陽光が苦手なはずだ」という解釈から、映画『吸血鬼ノスフェラトゥ』ではじめて採用されたものです。以来、吸血鬼を滅ぼす方法として大人気になりました。

吸血鬼が貴族になったわけ

　さながらお嬢様やドラキュラ伯爵のように、吸血鬼が貴族的に描かれるようになった発端は、1819年にイギリス人医師ジョン・ポリドリが書いた小説『吸血鬼』です。
　当時、ポリドリ氏は自分を雇っていた詩人貴族、バイロン卿と喧嘩別れしたところでして。そこで彼は、にっくきバイロン卿を吸血鬼と組みあわせて「ルスヴン卿」というキャラクターを生み出したのです。
　つまり吸血鬼が貴族的に描かれるようになった理由は「小説家の、貴族に対するあてつけ」という、ささいで個人的な理由だったのですよ。

現在の吸血鬼文化

『ドラキュラ』の大ヒットのせいで、一時は吸血鬼といえば「恐ろしいモンスター」だったのですけど……人間って新しい娯楽を求めるもので、吸血鬼の描かれ方もだんだん変わっていったみたいなんです。

コミカルな吸血鬼

「第二次世界大戦」や「冷戦」により、現実世界で恐怖を味わった人々は、映画に笑いを求め、吸血鬼すらもコミカルな存在に変えました。ドラキュラ伯爵が故郷を追われ、あこがれのモデルに会うためアメリカに渡る『ドラキュラ都へ行く』（1979年）や、黒人吸血鬼が「人種や性別の差別なく、平等に誰からも血を吸う」という『吸血鬼ブラキュラ』（1972年）などが代表的です。

『吸血鬼ブラキュラ』のポスター。

思い悩む吸血鬼

初期の吸血鬼文学には、吸血鬼を「人間の敵」として描くものも、『コリントの花嫁』（→p34）のように自分の境遇に思い悩む存在として描くものもありましたが、『吸血鬼ドラキュラ』のヒット以降は、前者の怪物的吸血鬼ばかりが注目されていました。

ですが1970年ごろから、この「思い悩む吸血鬼」というキャラクター性が復活し始めます。アメリカ人小説家アン・ライスの代表作『夜明けのヴァンパイア』（→p141）や、萩原聖都の漫画『ポーの一族』から始まったこの流れは、吸血鬼作品の主要な一派として現在でも人気のある物語形式となっています。

日本にやってきた吸血鬼

ヴァンパイアが日本に紹介されるようになったのは、19世紀末、明治時代の中盤かららしいよ。そのころ日本では、海外の文学作品を日本語に翻訳するのがブームになってたんだ。

最初のころは「ヴァンパイア」の訳は一定してなかったんだけど、数十年たって、大正と昭和のあいだあたりから「吸血鬼」っていう訳語が使われるようになったんだって。わりと新しい日本語なんだね。

吸血怪物小事典

ここまでは東欧の民衆文化から生まれて変化した吸血鬼を紹介してきたんだけど、実は東欧以外にも、人間の血を吸う怪物ってかなりいるんだよね。せっかくだから、まとめて紹介しちゃおう！

アジアにアメリカ大陸、アフリカにヨーロッパ、まあ随分集めたものね。
あら、ヨーロッパの吸血鬼種族もいるのだわ。

79ページの「吸血鬼種族」の章では15種類の吸血鬼種族を紹介しましたが、これはあくまで有名な者だけだったのです。そこから漏れた種族は、こちらで紹介することにさせていただきました。

小事典の読み方

アスワン ──── 名前　モンスターの名前です。

出身：フィリピン　外見：美しい女性

出身
モンスターの出身地です。

外見
モンスターの外見的特徴をひとことで書いています。

この小事典で紹介する「吸血鬼」とは？

　これからご紹介する怪物は、いわゆる東欧の正当な「吸血鬼種族」も含まれておりますが、大部分は「人間の血を吸う性質を持つモンスター」にすぎません。
　吸血鬼の定義とは「人間の血を吸う、動く死体」ですので、ここに紹介した者たちは吸血鬼ではないのですが……いちいち「吸血モンスター」などと長々書いていては冗長に過ぎます。
　そのためこの小事典では、定義から外れた者も「吸血鬼」と書く場合がありますので、これまでの「吸血鬼」とは意味が違う可能性を頭においていただければと思います。

アスワン

出身：フィリピン　外見：美しい女性

東南アジアの島国フィリピンに伝わる女吸血鬼。見た目は美しい人間女性だが、それは昼のあいだだけであり、夜になると「鋭い爪と翼の生えた怪物」に姿を変え、奇声をあげながら獲物を探す。好物は子供の血液である。

アスワンは屋根の隙間から細長い舌を垂らして、寝ている人間の血を吸う。吸血行為を行ったあとのアスワンは、妊婦のようにお腹がふくらむが、朝になると元どおりになり、見た目も人間の女性に戻るという。

ほかにもフィリピンには「マンドゥルゴ」という似たような吸血鬼がいる。こちらも昼間は人間の女性の姿をしているが、夜になると空飛ぶ悪鬼に変わり、血を求める。この吸血鬼がアスワンと違うのは、確実な血液の供給源を求めて、男性を誘惑して結婚することだ。

磯女（いそおんな）

出身：日本　外見：女性、下半身蛇の女性など

日本には、人間の血を吸う怪物の伝承が非常に少ない。数少ない「吸血鬼」の一例が、九州に伝わる妖怪、磯女だ。

名前が示すとおり、磯女は海の近くに出没する。その見た目は伝承の種類ごとに異なり、「上半身は女性だが、下半身は蛇、あるいは半分透けている」「全身が濡れている」「背後から見るとただの岩に見える」「地面につくほどの長髪」などと語られている。

ある伝承では、磯女は浜辺に立ち、近づいてきた男性に鋭い声を浴びせると、その長い髪を巻き付け、牙ではなく"髪で"血を吸うのだと伝えられている。そのため磯女の伝承が残る地域では、浜辺にどんな美人がいても近づいてはいけないと言われていた。

ウストレル

出身：ブルガリア　外見：人間の子供

東欧の国ブルガリアに伝わる、子供の姿をした吸血鬼。ウストレルは人間の子供が死後変化したもので、「土曜日に生まれ、キリスト教の洗礼儀式を受ける前に死んでしまった子供」がウストレルになるという。

ウストレルがおもに襲うのは、人間ではなく"牛"である。上の条件を満たして死んでしまった子供は、埋葬されて9日たつと、ウストレルとなり墓場から這い出してくる。そして牛の群れを襲って血を吸って殺し、力を蓄えるのだ。なお、ウストレルは「動物の2本の角のあいだ」や「雌牛のうしろ脚のあいだ」に巣をつくるという言い伝えもある。

ウストレルを撃退するには"儀式的な焚火"が有効だ。動物をふたつの炎のあいだに通すことで、その動物についた悪霊などを追い払うという、ウストレル以外にも有効な悪霊退治法である。牛から引きはがされたウストレルは狼に食われてしまうのだ。ただし、燃やした炎の燃え跡には数日間近づいてはいけない。牛から離されたウストレルは、近づいた人間の家についてきてしまうからだ。

エストリー

出身：ユダヤ人伝承　外見：悪霊 or 人型（変身可）

ユダヤ教を信仰する「ユダヤ人」に伝わる怪物。通常は実体のない霊的な存在で、自由に空を飛ぶことができる。実体化したときは人間女性の姿をとる。好物は人間の子供の血液だが、大人を襲うこともあるという。

この吸血鬼には変わった特徴があり、人間に傷つけられたり本来の姿を見られてしまうと、その人間からパンと塩を手に入れて食べない限り、力を失うという。

オバイフォ

出身：ガーナ周辺　外見：燐光を発する幽体 or 人型

西アフリカの国、ガーナ南部とその周辺に住む「アシャンティ族」に伝わる吸血鬼。見た目は人間と同じで、人々と同じ生活を送っている。しかし、夜になると肉体から幽体が抜け出し、人間、特に子供を襲うのだ。

オバイフォは燐光を発しながら空を飛び、獲物を見つけて血を吸う。そして犠牲者が苦しみながらゆっくりと死んでいく姿を見ることを好むという、残忍な性格をしている。また、血を吸う以外にも、カカオなどの農作物を荒らして被害を与えることもある。

オバイフォは、いわゆる「よみがえった死体」（→p159）ではなく、生きている人間が突然オバイフォに変化してしまう。すべての人間がオバイフォになる可能性があり、防ぐ手段はよくわかっていない。

ただ、オバイフォになった人間は「目をせわしなく動かす」「食べ物、特に肉に執着する」といった特徴があらわれるため、これらを手がかりにオバイフォを探すことは可能だ。

オヒン

出身：ポーランド　外見：人型

ドイツの東、ポーランドに伝わる吸血鬼。胞衣（胎児を包む膜のこと）に包まれ、歯がはえた状態で生まれた人間は、死後オヒンになるという。ただし、この歯を抜くことで死後のオヒン化を防げるともいわれている。

キヴァテテオ

出身：メキシコ　外見：人間の女性

今から約800年前、中米のメキシコで栄えた「アステカ帝国」の伝承に登場する女吸血鬼で、身分の高い女性が死後に復活した存在だ。伝承では彼女たちは月の神の配下であり、"姫"を意味する「キヴァピピティン」という名誉ある称号まで持っている。そんなキヴァテテオがなぜ人間を襲うのかは謎である。

キヴァテテオとなった女性は、顔が白く手を白く塗り「交差した大腿骨の模様」が描かれたぼろぼろの服を着ている。ホウキに乗って空を飛びこの世に戻ってくると、十字路などをさまよい、おもに子供を襲うのだ。襲われた人間は、病気になって死ぬという。

この吸血鬼に襲われないためには、夜に道を歩かないことと、道にある祠にたくさんのお供え物をするのが有効だ。

吸血マニトー

出身：アメリカ　外見：不定形（変身可）

北アメリカ大陸に住む「ネイティブ・アメリカン」（インディアン）の伝承に登場する霊的な存在。多くのネイティブ・アメリカンの信仰では「万物に霊的存在が宿っている」という日本の"八百万の神"に似た考えがあり、マニトーとはこうした霊的存在の総称である。

吸血マニトーは、その名前のとおり、マニトーのうち吸血行為を行う者であり、人間を襲って血をすすることを楽しむ凶悪な存在だ。

ある物語では、動物に化けることができる吸血マニトーが人間に徒競走を挑み、負けた者を殺していた。このマニトーは勝負に負けそうになると、狐や狼などの四足動物に姿を変えて人間を追い抜くため負けたことがなかったが、あるとき、人間のふりをした善良なマニトーが吸血マニトーと勝負して勝った。

得意の変身能力を使っても負けてしまった吸血マニトーは、ゴールに到着したころには疲れ切っていて、今までの恨みとばかりに、集まっていた観衆に殺されたという。

吸血マニトー

ジャララカス&ロビショメン

出身：ブラジル　外見：蛇／狼？

ブラジルに伝わる吸血怪物たち。ジャララカスは蛇の姿をした怪物で、授乳中の母親の乳首から血を吸うという、変わった習性がある。このときジャララカスは母乳を飲む赤ん坊を押しのけて乳首に噛みつき、赤ん坊には代わりに自分の尻尾をしゃぶらせる。

一方、ロビショメンは謎の多い吸血鬼で、女性のみを襲う、襲われた女性は性欲が高まり色情狂になってしまう、ということ以外は外見などもよくわかっていない。《吸血鬼の事典》の作者バンソンは、ポルトガルに「ロビショメン」という人狼の伝承があることから、両者に関係があると推測している。

スンダル・ボロン

出身：インドネシア　外見：背中に穴がある女性

　東南アジアの島国インドネシアを構成する島のひとつ、ジャワ島に伝わる女吸血鬼。夜道で男性を誘惑して性交したあと、殺してその血をすするといわれている。

　スンダル・ボロンは黒い長髪に白い服を着ているか、全裸の美女だとされる。しかし背中には"大きな穴"が空いており、穴の中は腐った内臓が丸みえで、ウジ虫やミミズがのたうち回っている。スンダル・ボロン（えぐれ女）という名前も、この穴がえぐれた背中からきていると考えられている。

　スンダル・ボロンは人間に害をなす恐ろしい存在だが、悲劇の存在でもある。なぜなら、「強姦され、悲嘆して自殺した」女性がスンダル・ボロンになるといわれているからだ。スンダル・ボロンが男性を誘って殺してしまうのは、復讐のためなのである。

ゾンビ

出身：ブードゥー教の伝承　外見：人型

　12ページでも触れたとおり、東ヨーロッパの民間伝承に登場する吸血鬼は「よみがえった死体」であり、血を吸わない種族もいる。ただ、今日の我々が「よみがえった死体」として思い浮かべるのは、吸血鬼ではなく、"ゾンビ"という怪物だろう。そういった意味ではゾンビも、吸血鬼の仲間といえる。

　もともとゾンビは、アフリカの一部やカリブ海の島国「ハイチ」などで信仰される「ブードゥー教」に伝わる存在。ブードゥー教の司祭は"ゾンビ・パウダー"という有毒の薬を死者に飲ませ、死者を命令どおりに動く奴隷「ゾンビ」にする。こうしてよみがえった人間は基本的におとなしく、術者の命令に忠実に従い、人を襲ったりすることはないとされる。

　近年では、ゾンビといえば「知能がほとんどない」「食欲おう盛で人間や動物を襲って食う」「体の一部が腐っている」という設定が一般的だが、実はこうした特徴は映画などの創作から広まったものだ。特に1968年に公開されたジョージ・A・ロメロ監督の『ナイト・オブ・ザ・リビングデッド』は、ゾンビをメジャーにした金字塔的な映画であり、この作品をきっかけにゾンビは「ホラー作品に登場する定番の怪物」になったのだ。

チュパカブラ

出身：中南米？　外見：人型の異形or毛のない犬のような姿

　おもに中南米で目撃情報のある怪物、いわゆるUMA（未確認生物）。1995年にカリブ海の島国プエルトリコで目撃されて以来、現在にいたるまでいくつもの目撃例がある。

　チュパカブラとはスペイン語で「ヤギを吸う者」という意味だ。この怪物に襲われた家畜や人間には、2～4個の穴が空いており、ここから血が抜かれてしまっているという。

　初期の目撃情報では「体長1m～1.5mほど」「巨大な赤い目」「背中に複数のトゲのような突起」「全身が毛に覆われ、2足歩行あるいは両足で大きく飛び跳ねる」といった特徴があり、翼があり飛ぶ、という情報もあった。しかしその後は"毛のない犬のような姿"という報告が多数を占めるようになる。

　チュパカブラの正体は今現在もわかっておらず、「宇宙人のペット」「軍の生物兵器」などという突飛なものから、「ほかの動物を見間違えた」などというものまでさまざまな説がある。なお、チュパカブラとされる写真やミイラがたびたび世間を騒がせることもあるが、これらのほとんどは、ほかの動物のものか、捏造されたものであることがわかっている。

デアルグ・デュ

出身：アイルランド　外見：人型

　ブリテン島の西、アイルランドに伝わる吸血鬼。名前もそのままずばり「赤い血を吸う者」という意味で、東欧の伝承に登場する吸血鬼と同様、墓の中からよみがえり人を襲う。この吸血鬼から身を守るには、デアルグ・デュだと疑われる者の墓の上に石を積み上げ、墓から出てこられないようにするしかないという。

　アイルランド南東部の都市ウォーターフォードには、美しい女性のデアルグ・デュの伝承がある。このデアルグ・デュは年に何度か墓から起きてきて、その美貌で男性を誘い、餌食にするのだという。

バーバンシー

出身：スコットランド　外見：人間女性 or カラス

　イギリス北部、スコットランド高地地方に伝わるバーバンシーは、人間の血を吸う妖精だ。
　バーバンシーの外見は一説ではカラスだともいうが、多くの場合は美しい女性で、すその長い緑のドレスを着ている。彼女はその外見で男性を誘惑し、血を吸って殺してしまうのだ。
　バーバンシーの正体を見破るには、長いドレスに隠された足を見るといい。彼女たちの足は人間形態でも"鹿のような蹄になっている"のだ。また、バーバンシーには「金属の"鉄"を嫌う」「夜しか活動できない」という弱点もあるので、鉄を身につけて朝まで耐えれば、バーバンシーの魔の手から逃げ切ることができる。

ブルクサ

出身：ポルトガル　外見：人間の魔女、鳥

　ユーラシア大陸最西端の国、ポルトガルに伝わる「ブルクサ」は、いわゆる「魔女」であり、彼女たちのなかに魔術によって吸血鬼となる者がいるという。
　ブルクサはほとんどの場合、自分たちの"親族"を獲物とする。ブルクサは夜になると鳥に変身し、親族の家の屋根に降りて少しずつ血を吸う。旅人を襲うこともあり、ポルトガルの一部にはブルクサに襲われないよう「夜に旅をしてはいけない」という言い伝えがあるほどだ。
　ブルクサは東欧に伝わる多くの吸血鬼と違い、日光やニンニクなど一般的な吸血鬼退治法（→ p168）は効果がないとされ、効果的な退治方法はわかっていない。

ペナンガラン&ラングスイル

出身：マレーシア　外見：生首 or 女性／首に穴のある女性

　東南アジアの国マレーシアに伝わる吸血鬼たち。双方とも「出産のときに死んだ女性」が死後に変じる存在だといわれる。
　ペナンガランは世界各地に伝わる吸血鬼のなかでも独特な外見で「生首の下に、光り輝く内臓がそのままぶら下がり、血が滴っている」という異形の姿をしている。また滴る血に触れてしまうと、激しい痛みを感じるという。
　出産のときに死んでしまったことからか、ペナンガランは特に妊婦や子供から血を吸うといわれる。そのため、マレーシアの妊婦はペナンガランから身を守るため、「ジェルジュ」というトゲのある植物を窓に飾った。
　一方のラングスイルも出産時に死んだ女性が死後に怪物化した存在だが、こちらは「出産時に死んだり、子供を死産したショックで死んだ女性が死後40日たつとラングスイルになる」とあり、怪物になってしまう条件が明確だ。
　ラングスイルの外見は人間とほとんど同じで、足のくるぶしまで届く長い髪をした緑のローブの美女だという。最大の違いは、信じられないほど長い爪を持ち、うなじの近くに穴が空いているところだ。
　ラングスイルもペナンガランと同じく子供の血を好むが、吸血方法が少々変わっていて、うなじにある穴で血を吸うのだとされる。
　もし、死んだ女性がラングスイルになってしまったら、捕まえて長い爪を切り、長い髪をうなじの穴に詰め込むとおとなしくなる。こうした対処をしたラングスイルは、普通の女性のように暮らし、結婚や出産もできるが、はしゃぎ過ぎると元に戻ってしまうともされた。

ムラート

出身：オーストラリア　外見：幽体

　オーストラリアの原住民「アボリジニ」の伝承に登場する吸血鬼。実体がなく、人間や家畜を闇の中に引きずり込むと、血を吸って殺しているのだという。
　ムラートの恐ろしいところは、退治する方法や身を守る方法がないことだ。そのためか、アボリジニの人々は自分たちが宿営していた土地にムラートが出現すると、土地を焼き払い、別の土地に移動するのだという。

カーリー

出身：インド　外見：4本の腕を持つ肌の黒い女性

　おもにインドで信仰されている「ヒンドゥー教」の神話に登場する戦いの女神。いわゆる吸血鬼ではないが、"血をすする"という行為と非常に関わりの深い女神である。

カーリーは、ドゥルガーという、同じく戦いの女神が怒りに染まったとき、その額から生まれた女神だ。非常に好戦的かつ残虐な性格をしていて、敵対する存在は容赦なく虐殺する。

カーリーが吸血的な行為をしたのは、ラクタヴィージャという怪物と対決したときだ。ラクタヴィージャは「流した血が地面に落ちると、自分の分身が生まれる」という、とんでもない能力を持っていた。しかしカーリーは、ラクタヴィージャの血が地面に落ちる前にすべて舐めとることで分身が生まれるのを防ぎ、さらに怪物をむさぼり食って怪物を退治した。

この神話の影響もあり、絵画や彫刻では、カーリーは長い舌を出し、口元から血を滴らせている姿で描かれることが多い。

ルガト

出身：アルバニア　外見：人型

ギリシャの北にある小国「アルバニア」に伝わる吸血鬼。死後40日たった人間がルガトとなり、墓から出て悪さを働くとされる。

ルガトの外見や行動は伝承ごとに異なる。ある物語では"油を詰めたヤギの皮袋"のような姿で、土曜以外は毎晩墓の中から出てきて悪さを働き、捕まえようとすると影のように消えるという。別の伝承では、ルガトは"イスラム教徒の死体"であり、長い爪に屍衣を着た姿で歩き回り、人間を絞め殺すという。

ルガトはほかの多くの吸血鬼と違い、退治方法が非常に限られている、あるいは退治できないとされることが多い。

ある伝承では"ブドウの枝で絞め殺す"ことでのみ退治できると言われている。また別の伝承では、狼だけがルガトを攻撃できるともいわれる。狼に足を噛まれたルガトは、二度と墓から戻ってこないのだという。

ルーガルー

出身：西インド諸島　外見：皮膚のない人間

アメリカの南、西インド諸島に伝わる年老いた魔女。悪魔と契約し魔女ルーガルーとなった老婆は、夜になると吸血行為をするという。

ルーガルーは、昼間は人間と同じ外見だが、夜になると悪魔の木とされる絹綿の木の下で自分の"皮膚"を脱いで隠す。そして硫黄の玉のような姿に変身すると、空を飛んで犠牲者となる人間の家に侵入し、血を吸うという。実はルーガルーは、犠牲者の血を契約した悪魔に捧げていて、その見返りに魔力を与えられているのだ。

この吸血鬼から身を守る方法はいくつかある。ひとつは「家の前に米と砂をまく」こと。ルーガルーはこれらの前でかならず立ち止まり、一粒一粒を拾い集めないと前に進めない。こうしているうちに夜が明けるので、ルーガルーは家に入れないのだ。

もうひとつは「ルーガルーの脱いだ皮膚を見つけ、皮膚の内側に塩をまぶす」こと。皮膚を脱いだために体が傷つきやすいルーガルーは、塩が体を傷つけてしまうため皮膚を着れず、元に戻れなくなるのだ。

ちなみに、"ルーガルー"という言葉そのものは「人狼」を意味するフランス語「ルーガルー」が語源になったと考えられている。

ルーガルー

リリス

出身：ユダヤ教の伝承　外見：人間の女性

『聖書』では、神が最初に創造した人間は、アダムとエヴァという男女だとされている。だが一部に、アダムはエヴァの前に、リリスという女性と夫婦だったという説がある。

その説によれば、リリスは、アダムとの仲違いして彼のもとを離れた。その後彼女は、人間たちを誘惑、堕落させる「淫魔」の女王となり、男性の精液と血液を吸い取って殺してしまうのだという。

吸血鬼ブックガイド

吸血鬼のことをくわしく知って、みなさんはどんな感想を持ちましたか？
私は、吸血鬼をもっと知りたくなりました！
吸血鬼のことをさらに深く知りたい人のために、役に立つ書籍をいくつか選んでいただきました。みなさんも私と一緒に読んでみましょう！

総合解説書

ここで紹介している4冊の本は、どれも吸血鬼のことを総合的に解説している本です。吸血鬼はどこで生まれた、なぜ生まれた、どのように変化したかなどを教えてくれますので、どれか一冊は本棚に入れておきたいものですね。

要は、この「萌える！ ヴァンパイア事典」の145ページから183ページまでで解説したことを、まるまる一冊使って深く掘り下げた本って感じかな！

吸血鬼界の用語がすべてわかる、必携の一冊
吸血鬼の事典

　吸血鬼に関する事柄を、五十音順の辞書形式で掲載した書籍。吸血鬼の個人名や種族名、吸血鬼の弱点や退治用のアイテム、吸血鬼の出身地、作品名、作家名など、吸血鬼に関するすべてを網羅しています。
　吸血鬼解説書を読むにあたり、ぜひこの本を手元に置いておくことをお薦めします。わからない吸血鬼用語、書籍のなかで常識として語られている有名作品についての知識など、吸血鬼を知る上で要点となる部分をすべて解説している本書は、頼りになる一冊です。

著：マシュー・バンソン　訳：松田和也／青土社　3107円（税別）

東ヨーロッパの吸血鬼伝承を徹底解剖！
吸血鬼伝承「生ける死体」の民俗学

　この本は、数ある吸血鬼のなかでも「東ヨーロッパの民間伝承に登場する吸血鬼」に注目した研究所です。すなわち本書でいうところの「吸血鬼種族」と、吸血鬼の生態についてを、深く掘り下げています。

　研究書というと、専門的で読みにくそうという先入観がありますが、この本の文章はわかりやすく整理されていて非常に読みやすいのが特徴です。吸血鬼のルーツや、種族のバリエーション、名前の由来など、東欧の吸血鬼について知りたいならおすすめです。

著：平賀英一郎／中公新書　720円（税別）

吸血鬼文化の成り立ちを知る
血のアラベスク　吸血鬼読本

　吸血鬼文化全般を解説している一冊ですが、とりわけ「実際の吸血鬼事件」について多くの実例をあげているのが特徴です。本書でも紹介している「ペーター・プロゴヨヴィッチ」や「アルノルト・パウル」の吸血鬼事件など、歴史的な視点から吸血鬼の正体を明らかにしていきます。

　また、半分のページ数を占める「吸血鬼文学の歴史」の解説も見逃せません。18世紀の中ごろに始まる吸血鬼文学が、『カーミラ』『ドラキュラ』をへて現在に至るまで、一連の流れをあますところなく知ることができます。

著：須永朝彦／ペヨトル工房　2000円（税別）

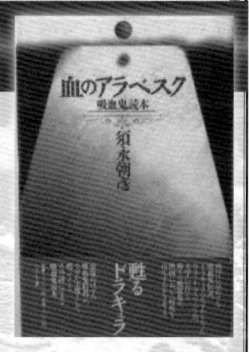

人間はなぜ「吸血鬼」を生み出したのか？
吸血鬼

　吸血鬼という概念を、民間伝承と科学の両面から分析する研究書。「吸血鬼は人間が生み出してしまった虚構である」という前提に立ち、なぜ人間が吸血鬼を想像したか、それがどのように発展したのかを解説します。

　数多い類書との大きな違いは、ヨーロッパの吸血鬼だけでなく、世界各国の「血を吸う怪物」について全体の1／3を割いて解説し、東欧の吸血鬼のどこが一般的な吸血怪物と同じで、どこがほかの怪物と違うのかを浮き彫りにしているところにあります。

著：吉田八岑／北宋社　1942円（税別）

吸血鬼専門書

> 前のページで紹介した本は、吸血鬼の総合解説書ばかりだったけど、ここでは吸血鬼というモノの一側面に注目して、さらに深いテーマで書かれている本を紹介するよ！

> 科学に民族学、心理学に映画まで……本当にいろいろな目線があるのね。人間の探求心だとか熱心さには驚かされるのだわ。

"吸血鬼"を科学する一冊
ヴァンパイアと屍体 死と埋葬のフォークロア

　本書は「吸血鬼と認定された死体」を研究した本です。どのような死体が吸血鬼と呼ばれたのか、なぜ死体に奇妙な変化が起きたのかなど、死体そのものを通して、死や埋葬についての考え方を分析していきます。

　この本の序盤では、本書でも紹介した「ペーター・プロゴヨヴィッチ」（→p66）や「アルノルト・パウル」（→p68）の報告書全文とその考察も掲載され、その死についての現代医学的な見地が語られるなど、科学的な目で吸血鬼を知りたい人にお薦めの一冊です。

ポール・バーバー 著、野村美紀子 訳／工作舎　3200円（税別）

吸血鬼の産みの親、スラブ民族の文化に迫る
スラヴ吸血鬼伝説考

　159ページで説明したとおり「動く死体が人間の血を吸う」という吸血鬼の原型は「スラブ人」によって作られました。そこで他民族の文化などのノイズを排除し、スラブ人の伝説のみを研究することで吸血鬼文化をより深く掘り下げているのが、この《スラヴ吸血鬼伝説考》です。

　この本では、東欧を代表する怪物であり、ときに吸血鬼と同じ怪物だとも解釈される「夢魔、人狼、魔女、死神」（→p162）などのスラブ文化を分析。スラブ人が吸血鬼を生み出したか、その源流をたどっています。

著：栗原成郎／河出書房新社　2136円（税別）

夢にあらわれた吸血鬼
吸血鬼イメージの深層心理学－ひとつの夢の分析－

　ここまでの吸血鬼書籍は、民族の伝承について解説した「民間伝承」の研究書でしたが、本書はこれらと違い「心理学」の分野から吸血鬼を研究した意欲的な書籍です。

　本書では、ある精神病患者が見た「吸血鬼が登場する夢」をテーマに、吸血鬼の持つ心理的な意味、心理学的アプローチから見た「吸血鬼文化」の変遷を分析していきます。「人間が吸血鬼を生み出した理由」を、《ヴァンパイアと屍体》とは正反対の方向から研究した本書で、吸血鬼に対する新たな見方が生まれるかもしれません。

著：井上嘉孝／創元社　2800円（税別）

スクリーンにあらわれた吸血鬼のすべて！
シネマティック・ヴァンパイア　吸血鬼映画B級大全

　この本では最古の吸血鬼映画である1896年の『悪魔の館』から、1995年の『アディクション』まで、世界中で作られた303作品の吸血鬼映画、テレビドラマが紹介されています。本の題名は「B級大全」となっていますが、もちろん『吸血鬼ドラキュラ』など吸血鬼の歴史を語る上で重要な作品も網羅されていることは特筆するべきでしょう。『ドラキュラ』『カーミラ』などの基本どころを押さえ、吸血作品について知識がついてから本書を読めば、吸血鬼映画の幅広さ、奥深さの一端に触れることができます。

著：ジョン・L・フリン　訳：濱口幸一、村尾静二、濱田直孝／フィルムアート社　1800円（税別）

> みなさんはどの本が気になりましたか？
> 私はとりあえず《吸血鬼の事典》で、吸血鬼についての知識を広く浅く強化したいです。
> 聖職者としてまだまだ全然勉強不足ですので～。

> ボクはこの《吸血鬼イメージの深層心理学》かな。
> ずっと吸血鬼と戦ってきたから、「夢の中の吸血鬼」っていうのに興味があるんだよね。
> ちょっと内容は難しそうだけど……。

> そうね……この《シネマティック・ヴァンパイア》というのがいいのだわ。
> 同胞である吸血鬼たちが、人間たちにどう描写されているのか気になるしね。

> ふむ、お嬢様は長い文章を読むより、映像のほうにご興味がおありですか。
> 承知いたしました。その本を読んで気になる作品がありましたらお申し付けください。
> 映像を取り寄せいたします。

吸血鬼検定試験、結果発表!

採点の結果です……なんとなんと、合計90点!
マリーカさんおめでとうございます! 85点の課題、クリアーですね!

ふふっ、私にかかればこの程度の試験などは造作もないことなのだわ。(目の下にクマを作りながら)
さあ、これでおぞましい外出計画はとりやめね。

なん……だと……?
めんどくさがりなマリーカなら絶対合格できないと思ったのに、そんなに外に出るのが嫌なのかっ! どうするんだよクラウスー!

どうしたも何もないでしょう。食っちゃ寝が日常だったお嬢様が学習意欲を持ち、吸血鬼と人間についての知識を深められた。
執事としてこれほど喜ばしいことはありません。

まあクラウスはそうだよな。わかってたよ。(いじいじ)
ちぇーっ、これじゃせっかくの「秘密兵器」も出番なしか。
ごめんねシスター、運ぶだけじゃなくその後にまで巻き込んじゃって。

いえいえ、聖職者として不勉強だった私に、吸血鬼のことを何から何まで教えていただいただけで十分です!
それにあんな夢のような……(頬を染めて)、いいえ、なんでもありません!

ところでシェリ? 勝負に勝ったこのマリーカには、あなたの持ってきた「秘密兵器」とやらを見る権利があるはずなのだわ。
ちょっと見せてごらんなさいな(がさごそ)

なっ、お待ちくださいお嬢様! 仮にも「秘密兵器」なのですよ!?
何か危険なものが入っていたら……(バッグの中身を確認して)問題ないようですね。
あまり肝を冷やさせないでください、寿命が縮まります。

あはは、不老不死の吸血鬼が「寿命が縮む」だなんて、どんな出来の悪いジョークなのだわ! いいから黙ってみていなさ……い?

……ねえクラウス? シェリ? よくわからないものばかり入っているのだわ。
「妙に大きな傘」に「秘薬の小瓶」、「つるつるの布地」もあるわね……。
まさか、吸血鬼退治の儀式でもはじめるつもりだったの?

お嬢様、それは儀式の道具などではございませんよ。
この大きな傘は「ビーチパラソル」、瓶の中身は「サンオイル」ですね。
それから「浮き輪」に「耳栓」、「水着」まであります。サイズもぴったりで……。

……こんなものばかり……太陽の下で遊ぶものばかりじゃない……ふふ……。

> 私に死ねと
> 言うのですかーっ!!
> うがー!!

に、逃げ……じゃなくて、
バイバイマリーカ（さん）、クラウス（さん）、
またね〜!!

そして帰り道……

……あはは、いやー普通の吸血鬼が太陽苦手なの忘れてたよ！　あーあ、マリーカに世界を見せるだけじゃなくて、マリーカみたいにフレンドリーな吸血鬼がいることを人間たちにも知ってほしかったんだけど……うーん、どうしようか。

そ、それならばぜひ、小説を書くべきですっ！　マリーカさんをめぐる禁断の愛の物語ですわ……当然クラウスさんも登場しますよね！　よね!?
（また妄想の種がふくらみますわ―――――ハァハァ）

え、も、もちろん書くよ。（よっぽどクラウスが気に入ったんだなあ）
タイトルは……マリーカたちがハンターに襲われちゃいますし。
うん、マリーカのつづりをちょいといじって、『吸血鬼カーミラ』にしよう！

萌える！ヴァンパイア事典
これにておしまい!!

イラストレーター紹介

この『萌える！ ヴァンパイア事典』のために素晴らしいイラストを描いてくれた、47人のイラストレーターの皆様方を紹介するのだわ。
我々吸血鬼の魅力、皆に伝わったかしら？

島風(しまかぜ)
●表紙

はじめまして、普段は褐色エルフばかり描いている島風と申します。
吸血鬼といったらブロンドかなという思いもあり白髪との間で結構悩みました。

Soundz of Bell
http://homepage2.nifty.com/sob/

C-SHOW(ししょう)
●案内キャラクター
●巻頭、巻末コミック

ナビキャラと巻頭コミックを担当させていただきました〜。実はナビキャラの面々、今回で二度目の登場なのですが、前はコウモリだったシェリの人間体をやっと描くことができて感無量です！ 脚の鎧やホルスターなど、細かい装飾品がいっぱいで大変でしたが、とても楽しく描けました！

おたべや
http://www.otabeya.com/

皐月メイ(さつき メイ)
●扉ページイラスト

初めまして皐月メイと申します。今回扉絵カットで５体のキャラクターを描かせていただきました。その中にヴァン・ヘルシングさんがいるのですが「個性豊かな吸血鬼とそれらを狩るヴァン・ヘルシングさん」なんて妄想をし始めたら止まらなくなってしまい、描いてる間もずっと妄想しっぱなしでした。

PIXIV ページ
http://www.pixiv.net/member.php?id=381843

天領寺セナ(てんりょうじ セナ)
●ルスヴン卿(p19)

はじめましてこんにちは。天領寺セナと申します！
今回はルスヴン卿というヴァンパイアを描かせて頂きました！
どこかの社交場で彼女と出会えたら教えて下さい。
きっと楽しい夜になると思います！
ではでは、ありがとうございました。

Rosy lily
http://www.lilium1029.com/

あおいサクラ子
●アツォ・フォン・クラトカ(p25)

アツォ担当あおいです。みんな大好きヴァンパイアの事典！
このコメント文を書いている時点ではまだ本はできていないのに楽しみで私がそわそわしています。
ヴァンパイア好きさんが増えますように……。

PIXIV ページ
http://www.pixiv.net/member.php?id=868522

くろぬこネーロ
●ブルンヒルダ(p27)

はじめまして、くろぬこネーロと申します。
文学史上初の女吸血鬼ブルンヒルダ。物語にただよう悲劇のヒロイン的な薄幸さと、それとは裏腹な官能的な肢体を意識しつつ描かせて頂きました。少しでも気に入っていただけたなら幸いです。

ACCO
http://kuronekonero.tumblr.com/

クレタ
●クラリモンド(p29)

クラリモンドを描かせていただきました。クレタと申します。
今ではすっかり定番の"人を害さない"ヴァンパイアですが、このお話ができたのは1836年！こんなに古い！いつの時代もどこの国でも、ギャップ萌というものは通用するのですね。

PIXIV ページ
http://www.pixiv.net/member.php?id=481726

久野元気
●フランシス・ヴァーニー(p33)

灰になっても死に切れず月の光で肉体を再構築している……というようなイメージで描いてみました。
あーまた復活しちゃったなぁっていうような少々切なげな表情になるよう心がけました。

PIXIV ページ
http://www.pixiv.net/member.php?id=1479993

しおこんぶ
●ドラキュラ伯爵(p38)

ヴァンパイア事典、ドラキュラを担当させて頂きました、しおこんぶです。
吸血鬼といえばドラキュラと言うほど有名ですが、この事典が作れるほど吸血鬼にもいろんな種類がいるのが驚きでした。

こんぶの観察日記
http://siokonbu.com/

しかげなぎ
●オルロック伯爵(p41)
●モノクロカット

オルロック伯爵を描かせていただきました。
みんなベストになぁ～れ☆の決め台詞でおなじみのあのオルロック☆伯爵です！
…うそですごめんなさい！どうもありがとうございました！

SUGAR CUBE DOLL
http://www2u.biglobe.ne.jp/~nagi-s/

宮瀬まひろ
●マーヤ・ザレシュカ(p45)

普段はお仕事でソーシャル系や印刷物のイラストを描いております。
「萌える！天使事典」にもイラストを寄与させて頂いていますよ！持っている方もう一度見てみてください～！

NANAIRO
http://www.77iro.net/

こぞう
●不知火検校(p49)

不知火検校のイラストを担当させていただいたこぞうと申します。
和製吸血鬼ということで妖艶な雰囲気を目指して描かせていただきました。
吸血鬼って自分の血を吸っても生きていけるのか気になります…！

少年少女隊
http://soumuden.blogspot.jp/

緋月アキラ
●レスタト・ド・リオンクール(p51)

初めまして、緋月アキラと申します。
今回はレスタトを担当させて頂きました。レスタトは素敵な設定がてんこ盛りで、描いていて凄く楽しかったです！
ぜひ注目して頂きたいのは胸…やお尻…ではなくて手です。手なんです。

なつめも
http://natsumemoxx.tumblr.com/

祀花よう子
●サン・ジェルマン伯爵(p53)

ダークモチーフが大好きなので、今回の「サン・ジェルマン伯爵」が楽しく制作させていただきました！
赤い派手な衣装の毒女風にしてみましたが、いかがでしょうか。
HPでも多くのイラストを公開しておりますので、是非遊びにきてくださいませ。

maturica
http://maturica.net/

稲山
●エリザベート・バートリー(p62)

エリザベートを描かせて頂きました稲山です。
こんな人が実際にいたなんて初めて知って驚きました…。
現実っておそろしいですねぇ。

PIXIVページ
http://www.pixiv.net/member.php?id=3954

ryuno
●ペーター・ブロゴヨヴィッチ(p67)

ゲームをちびちび作ってます、楽しいんですができるのはいつのことやら。

PIXVページ
http://www.pixiv.net/member.php?id=107235

こるぶっち
●アルノルト・パウル(p69)

アルノルト・パウルを担当しましたこるぶっちです。自分の趣味丸出しで描かせてもらえまして、ありがたい限りです。もう少し色々やってみたかったのですが、自身の技量が及ばず…うむむ。これからも精進させて頂きます。

PIXIV ページ
http://www.pixiv.net/member.php?id=2939651

タカツキイチ
●クララ・ギースレーリン(p71)

初めまして、タカツキイチと申します。この度は素敵な辞典に参加させていただけてとても嬉しいです。よろしくお願い致します…！

ITIBOSI
http://takatukiiti.tumblr.com/

さくも
●エレオノラ・アマリー(p73)

直接吸う絵にしようか、しないかで相当葛藤しました。

KARATAMA
http://karatama.blog.shinobi.jp/

tecoyuke
●ヴァインリキウス(p75)

今回はヴァインリキウスという吸血鬼を担当させていただきました、tecoyukeと申します。
ゴシック調のドレスや薔薇の花など、好きな要素を詰め込みつつ楽しく描きました。妖艶な雰囲気が出せていたらいいなと思います。

PIXIV ページ
http://www.pixiv.net/member.php?id=4857336

Genyaky
●ヴラド3世(p77)

初めまして、ヴラド3世を担当しましたGenyakyと申します。吸血鬼のモデルのひとりであり、残虐な嗜好の持ち主ということでサディスティックな女王様をイメージしてみました。思わず血を捧げたくなるような素敵なお姉さまになっていれば嬉しいです！

SHELLBOX
http://genyaky.blog.fc2.com/

ぴず
●ヴリコラカス(p85)

ヴリコラカスを描かせて頂いたぴずです。ギリギリを追い求めたのでとても楽しく描くことができました。担当さんに「エロいの描きたい！」と相談してよかった！
最後に、Twitterなどでご感想頂けると嬉しいです！

Cath×Tech
http://cathxxxtechxxxreport.blog119.fc2.com/

田阪新之助(たさかしんのすけ)
●カリカンザロス
(p89)

事典シリーズでは時々お世話になっております田阪と申します。今回ヴァンパイア事典と言う事で事典にする程吸血鬼の数って多かったかな？と思い色々調べて行くと国や地方で呼び方が違うだけで結構知っている吸血鬼が多かったです。私が担当したカリカンザロスは全く知らなかったですが可愛く描ける様に頑張りました！

田阪奉行所
http://mofun.jp/tasaka/

杉村麦太(すぎむらむぎた)
●ノスフェラトゥ
(p95)

ヴァンパイアのメジャーフィールドにしてディープスポット、東欧を担当させていただけて光栄です！

杉村麦太／石野鐘音(歓喜天)　WEBサイト
http://www.geocities.jp/kwangiten02/

コバヤシテツヤ
●ヴァルコラキ
(p97)

太陽と月を食らうということで無闇にスケール感を大きくしてみました。
属性大盛りで本当にこのこは吸血鬼という枠に収まっていいのか心配になります。

ジャブロー2丁目
http://www17.plala.or.jp/jabro2/

閠あくあ(うるう)
●ユダの子ら(p99)

閠あくあと申します。普段は絵描いたり漫画描いたりです。
今回お誘いいただきまして恐縮なんですが、すごく勉強になる内容ですね……。女の子とダーク要素の組み合わせはどんなテイストでも良い感じで大好きです。その魅力が少しでも伝われば幸いです！

PIXIVページ
http://www.pixiv.net/member.php?id=4057947

OrGA(おるが)
●ウピオル(p105)

ウピオルのイラストを担当させていただきました。
一口に吸血鬼といっても色々いるんですねー。東欧に伝わる吸血鬼ということで、そっちの民族衣装なんかを意識してみました。雰囲気が出ていればいいなと思います。名前なんか可愛いですよね、ウピオル。

MORIYA
http://moriya.iza-yoi.net/

らすけ
●ネラプシ(p107)

今回はネラプシを担当させていただきました。
ネラプシの特徴である瞳が際立つように今回はオッドアイにさせていただきました。
瞳を描くのに自分なりにこだわりがあるので何度も調整しながら塗りました。また衣装も自分の好きな要素を取り入れて描くことが出来て楽しかったです。

Raison d^etre
http://rathke-high-translunary-dreams.jimdo.com/

エイチ
●アルプ(p111)

アルプを担当させて頂きましたエイチと申します。
ヴァンパイアということでいつもと違うイメージで楽しく描かせて頂きました！今回のお話でヴァンパイアの種類が沢山あることにびっくりで、色んな方の色んなヴァンパイアが見られるのが楽しみです。

desart.
http://ech.sub.jp/

あみみ
●吸血スイカ&カボチャ(p114)

妖しい雰囲気のヴァンパイアも素敵ですが、こういうほのぼのとしたものも変わってていいですね。
背景は苺のソースで血液感を表現しようと思ったのですが、普通に苺ソースっぽいですね。
お腹が空いてきちゃいました。

えむでん
http://mden.sakura.ne.jp/mden/

ムロク
●ダカナヴァル(p119)

はじめましてこんにちはムロクです！このような本にイラストを載せられて感謝感激雨霰でございます…。私のイラストが少しでも役にたつことを願ってます！

ムツ。
http://muroku996.wix.com/muttu

おにねこ
●吸血鬼王女(p121)

吸血鬼王女のお話は今回で初めて知ったのですが、呪いが解け肌が白くなるという設定は、今まで知っていた吸血鬼のイメージと違ってとても新鮮でした。
王女様らしいドレスも描いてとても楽しかったです。ありがとうございました！

鬼猫屋
http://oni26.tudura.com/

PANDA
●イワン・ワシリー号(p123)

イワン・ワシリー号を描かせて頂きましたPANDAです。
実在した蒸気船が数々の不可思議な現象によって吸血鬼船となったちょっと珍しいヴァンパイアです。
こんな感じの娘が船内に現れるのなら自ら乗船しに行きます！

コモリパンダ
http://pandano.yamagomori.com

この本を書いたのは「TEAS事務所」といって、書籍や雑誌の執筆、編集をしている人たちなんだって。
ホームページとツイッターに遊びにいってみよう！
http://www.otabeya.com/
http://twitter.com/studioTEAS

鈴根らい(すずね)
●サモス島のヴリコラカス(p125)

サモス島の吸血鬼を描かせていただきました、鈴根らいです！
死んでなお地主を助けているなんて…地主の事が好きだったんじゃないかなって勝手に想像してしまいました。
なのに地主に退治されるとか…うっ…かわいい…。

鈴根らい地下室
http://green.ribbon.to/~raisuzune/

はんぺん
●ラミア(p127)

ラミアを担当させていただきましたはんぺんです。
ラミアといえば色々なゲームに出てくる敵キャラなのでイメージしやすい感じで描けました！

PUUのほむぺ～じ
http://puus.sakura.ne.jp/

田島幸枝(たじまゆきえ)
●エイブラハム・ヴァン・ヘルシング(p134)

見開きページのヴァン・ヘルシングを描かせていただいた田島幸枝と申します。セクシーさと強さとちょっとした無邪気さのあるヴァン・ヘルシングと恐ろしくもセクシーなヴァンパイア達、そして気合を入れて描いたヨーロッパの旧市街を細かいところまでじっくり見ていただければと思います。

norari
http://norari.jp/

吉沢メガネ
●クルツマン&ダミアン(p137)

はじめまして、吉沢メガネです。今回はクルツマン&ダミアンという吸血鬼を担当しました。イラストと併せて楽しんでいただければ幸いです。

PIXIV ページ
http://pixiv.me/haik

海緒ユカ(かいお)
●ダンピール(p139)

オッドアイダンピールちゃんが描けて幸せです。
ありがとうございました！

ワタガミ
http://www10.plala.or.jp/haisuku/

湖湘七巳(こしょうしちみ)
●モノクロカットイラスト

イラストカットを描かせていただきました、湖湘七巳です。
吸血鬼というジャンルは、いつの時代も魅力的ですね！
海外ドラマや映画だと恋愛物やアクション物も多いですがやっぱりホラー物が一番好きです。

極楽浄土彼岸へ遜こそ
http://homepage3.nifty.com/shichimi/

ももしき
- カーミラ(p22)
- コリントの花嫁(p35)

madness
http://dirtygirlie.web.fc2.com/

kirero
- ベルタ・クルテル(p31)

Kiroror0
http://kirero.xxxxxxxx.jp/

毛玉伍長
- サラ伯爵夫人(p47)

PIXIV ページ
http://www.pixiv.net/member.php?id=28098

久彦
- ジル・ド・レイ(p65)

ヴァルシオーネα
http://www5c.biglobe.ne.jp/~valalpa/

> この『萌える！ ヴァンパイア事典』を作ったスタッフをご紹介します。

萌える！ ヴァンパイア事典 staff
著者	TEAS事務所
監修	寺田とものり
テキスト	岩田和義(TEAS事務所)
	林マッカーサーズ(TEAS事務所)
	桂令夫
	たけしな竜美
協力	鷹海和秀
	當山寛人
本文デザイン	神田美智子
カバーデザイン	筑城理江子

ジョンディー
- クドラク(p91)
- クルースニク(p143)

Mind_Jack
http://johndee180.wix.com/johndeeeeee

ネコメガネ
- ストリゴイイ&モロイイ(p93)

ネコメガネの巣
http://nekomegane88.blog27.fc2.com/

准将
- ムッロ(p101)

PIXIV ページ
http://www.pixiv.net/member.php?id=4151678

cis
- ナハツェーラー(p109)

Carcharias
http://carcharias.3rin.net/

素材をご提供いただいた皆様
株式会社KADOKAWA
株式会社NBCユニバーサル・エンターテイメント
株式会社アイ・ヴィー・シー
株式会社朝日新聞出版
株式会社工作舎
株式会社講談社
株式会社国書刊行会
株式会社集英社
株式会社青土社
株式会社創元社
株式会社ソニー・ピクチャーズ・エンターテイメント
株式会社中央公論新社
株式会社中経出版
株式会社東京創元社
株式会社早川書房
株式会社原書房
株式会社フィルムアート社
株式会社ワーナー・ブラザース・ホームエンターテイメント

> 本書の製作にあたり、左の皆様から、書籍の表紙画像、および映像作品のパッケージ画像をご提供いただきました。スタッフ一同にかわり、この場を借りてお礼申し上げます。

主要参考資料

●書籍

『Granny Curse and Other Ghosts and Legends from East Tennessee』Randy Russell、Janet Barnett（JOHN F.BLAIR Publisher）
『Bite: A Vampire Handbook』Kevin Jackson（Portbello books）
『アイリッシュ・ヴァンパイア』ボブ・カラン 著／下楠昌哉 訳（早川書房）
『青髯ジル・ド・レー 悪魔になったジャンヌ・ダルクの盟友』レナード・ウルフ 著／河村錠一郎 訳（中央公論社）
『異界幻想 種村李弘対談集』種村李弘（北宋社）
『ヴァンパイア・コレクション』スティーヴン・キング 他著／ピーター・ヘイニング 編／風間賢二 他訳（角川文庫）
『ヴァンパイアと屍体 死と埋葬のフォークロア』ポール・バーバー 著／野村美紀子 訳（工作社）
『ヴァンパイア・レスタト 上下』アン・ライス 著／柿沼瑛子 訳（扶桑社）
『狼憑きと魔女 17世紀フランスの悪魔学論争』ジャン・ド・ニノー 著／富樫瓔子 訳／池上俊一 監修（工作社）
『怪奇幻想の文学I 真紅の法悦』（新人物往来社）
『怪奇小説傑作集4 フランス編』G・アポリネール 他著／青柳瑞穂、澁澤龍彦 訳（創元推理文庫）
『外国映画俳優全集 男優篇』（キネマ旬報社）
『怪物の事典』ジェフ・ロヴィン 著／鶴田文 訳（青土社）
『吸血鬼』吉田八岑 著（北宋社）
『吸血鬼イメージの深層心理学 ひとつの夢の分析』井上嘉夢 著（創元社）
『吸血鬼カーミラ』レ・ファニュ 著／平井呈一 訳（創元推理文庫）
『吸血鬼伝説』栗原成郎 著（河出文庫）
『吸血鬼伝説』ジャン・マリニー 著／池上俊一 監修（創元社）
『吸血鬼伝説 ドラキュラの末裔たち』仁賀克雄 編（原書房）
『吸血鬼ドラキュラ』ブラム・ストーカー 著／平井呈一 訳（創元推理文庫）
『吸血鬼の事典』マシュー・バンソン 著／松田和也 訳（青土社）
『吸血鬼魅考』モンタギュー・サマーズ 著／日夏耿之介 訳（ちくま学芸文庫）
『吸血鬼伝承「生ける死体」の民俗学』平賀英一郎 著（中公新書）
『ゲーテ全集』ゲーテ 著／小牧健夫 訳（人文書院）
『血液のふしぎ絵事典 型から検査でわかることまで』梶原庸人 監修（PHP研究所）
『月刊たくさんのふしぎ 2009年3月号 吸血鬼のおはなし』八百板洋子 著／齋藤芽生 絵（福音館書店）
『屍鬼の血族』東雅夫 編（桜桃書房）
『知っ得 幻想文学の手帖』（學燈社）
『シネマティック・ヴァンパイア 吸血鬼映画B級大全』ジョン・L・フリン 著／濱口幸一、村尾静二、濱田直孝 訳（フィルムアート社）
『澁澤龍彦全集 2』澁澤龍彦 （河出書房新社）
『書物の王国 12 吸血鬼』（国書刊行会）
『真実のヴァンパイア 現代の吸血鬼たちの記録 衝撃のファイル初公開』スティーブン・カプラン 著／宇佐和通 訳（廣済堂出版）
『神秘学マニア』荒俣宏 著（集英社）
『図説妖精百科事典』アンナ・フランクリン 著／ポール・メイソン、ヘレン・フィールド 画／井辻朱美 監訳（東洋書林）
『図説ヨーロッパ怪物文化誌事典』松平俊久 著／蔵持不三也 監修（原書房）
『スラブ吸血鬼伝説考』栗原成郎 著（河出書房新社）
『聖者の事典』エリザベス・ハラム 編／鏡リュウジ、宇佐和通 訳（柏書房）
『聖霊人名事典』ピーター・カルヴォコレッジ 著／佐柳文男 訳／田中元雄 編集協力（教文館）
『聖人事典』ドナルド・アットウォーター、キャサリン・レイチェル・ジョン 著／山岡健 訳（三交社）
『世界不思議百科』コリン・ウィルソン、ダモン・ウィルソン 著／関口篤 訳（青土社）
『世界不思議百科 総集編』コリン・ウィルソン、ダモン・ウィルソン 著／関口篤 訳（青土社）
『世界不思議物語』（日本リーダーズダイジェスト社）
『世界の妖精・妖怪事典』キャロル・ローズ 著／松村一男 監訳（原書房）
『世界の怪物・神獣事典』キャロル・ローズ 著／松村一男 監訳（原書房）
『総解説 世界の奇書』（自由国民社）
『地球最後の男』リチャード・マシスン 著／田中小実昌 訳（ハヤカワ文庫）
『血のアラベスク 吸血鬼読本』須永朝彦 著（ペヨトル工房）
『髑髏検校』横溝正史 著（角川文庫）
『ドラキュラ入門』吉田八岑、遠藤紀勝 著（現代教養文庫）
『ドラキュラ100年の幻想』松平洋 著（現代書籍）
『ドラキュラ誕生』仁賀克雄 著（講談社現代新書）
『ドラキュラ伝説 吸血鬼のふるさとをたずねて』レイモンド・T・マクナリー、ラドゥ・フロレスク 著／矢野浩三郎 訳（角川選書）
『ドラキュラ ドラキュラ 吸血鬼小説集』種村李弘 編（大和書房）
『《ドラキュラ》ヴラド・ツェペシュ』清水正晴 著（現代書館）
『ドラキュラのライヴァルたち』マイケル・バリー 編／小倉多加志 訳（ハヤカワ文庫）
『ドラキュラ伯爵のこと ルーマニアにおける正しい史伝』ニコラエ・ストイチェスク 著／鈴木四郎、鈴木学 共訳（恒文社）
『トランシルヴァニア 吸血鬼伝説』菊池秀行 著（NHK出版）
『ニッポニカ・プラス』（小学館）
『呪われし者の女王 上下』アン・ライス 著／柿沼瑛子 訳（扶桑社）
『呪われた町 上・下』スティーブン・キング 著／永井淳 訳（集英社文庫）
『薔薇十字の魔法』種村李弘 著（青土社）
『ハリウッド・ゴシック ドラキュラの世紀』デイヴィッド・J・スカル 著／仁賀克雄 訳（国書刊行会）
『吸血鬼ハンターD』菊地秀行 著（ソノラマ文庫）
『ポーの一族』萩尾望都 著（小学館）
『ポーランドの民話』吉上昭三ほか4名 共訳編（恒文社）
『魔女狩り』ジャン・ミシェル・サルマン 著／池上俊一 監修（創元社）
『魔女狩りと悪魔学』上山安敏、牟田和男 編著（人文書院）
『魔女と聖女 ヨーロッパ中・近世の女たち』池上俊一 著（講談社現代新書）
『魔女と魔術の事典』ローズマリ・エレン・グィリー 著／荒木正純、松田英 監訳（原書房）
『「魔」の世界』那谷敏郎 著（新潮選書）
『名探偵ホームズ サセックスの吸血鬼』アーサー・コナン・ドイル／日暮まさみち 訳／青山浩行 絵（講談社青い鳥文庫）
『ユダの謎解き』ウィリアム・クラッセン 著／森夏樹 訳（青土社）
『夜明けのヴァンパイア』アン・ライス 著／田村隆一 訳（ハヤカワ文庫NV）
『妖怪・魔神・精霊の世界』山室静 執筆代表（自由国民社）
『妖人奇人館』澁澤龍彦 著（河出文庫）
『妖精学大全』井村君江 著（東京書籍）
『妖精事典』キャサリン・ブリッグズ 編著／平野敬一、三宅忠明、井村君江、吉田新一 訳（冨山房）
『歴史学事典4 民衆と変革』南塚信吾 責任編集（弘文堂）

●映像

「インタビュー・ウィズ・ヴァンパイア」（ワーナー・ホーム・ビデオ）
「女ヴァンパイア カーミラ」（WHD ジャパン）
「ヴァン・ヘルシング」（ユニバーサル・ピクチャーズ・ジャパン）
「女ドラキュラ」（ユニバーサル・ピクチャーズ・ジャパン）
「吸血鬼ドラキュラ」（ワーナー・ホーム・ビデオ）
「吸血鬼ノスフェラトゥ」（有限会社フォワード）
「吸血鬼ノスフェラトゥ」（IVC）
「ドラキュラ Bram Stoker's Dracula」（ソニー・ピクチャーズ エンタテインメント）
「魔人ドラキュラ」（ユニバーサル・エンターテイメント・ジャパン）
世界丸見え！テレビ特捜部 2010年8月16日放送分 http://www.ntv.co.jp/marumie/onair/100816/100816_04.html

●WEBサイト

AFP BB News「米国で自称バンパイアが急増、TVや映画の人気で」http://www.afpbb.com/article/life-culture/life/2743515/5994022
BBCのニュース Lesbos islanders dispute gay name http://news.bbc.co.uk/hi/7376919.stm
カリフォルニア大学オープンライブラリ http://www.archive.org/details/populartalesroma01musaiala

■索引

項目	分類	ページ数
アーサー・コナン・ドイル	その他人物	87
『青ひげ』	資料・伝承・その他書籍	64
『悪魔の館』	吸血鬼作品(映像)	193
アスワン	吸血鬼(種族)	185
アツォ・フォン・クラトカ	吸血鬼(文学・映像)	24,56
『アディクション』	吸血鬼作品(映像)	193
アルカード	吸血鬼(文学・映像)	157
アルノルト・パウル	吸血鬼(実在)	68,191,192
アルプ	吸血鬼(種族)	110
アン・ライス	その他人物	50,141,183
イエス・キリスト	その他人物	88,98,160,161
磯女	吸血鬼(神話伝承)	185
イワン・ワシリー号	吸血鬼(神話伝承)	122
ヴァインリキウス	吸血鬼(実在)	74
ヴァルコラキ	吸血鬼(種族)	96,162
〈ヴァンパイアと屍体 死と埋葬のフォークロア〉	資料・伝承・その他書籍	192
『吸血鬼ハンターD』	吸血鬼作品(文学)	144
『ヴァン・ヘルシング』	吸血鬼作品(映像)	133
ヴィエドゴニャ	吸血鬼ハンター	142
ヴィンセント・ガディス	その他人物	122
ウォルター	物語の人物	26
ウストレル	吸血鬼(種族)	185
ウピオル	吸血鬼(種族)	104,167
ヴラド3世	吸血鬼(実在)	76,78,133,155
ヴリコラカス	吸血鬼(種族)	84,86,126
ウルトミシュ・アルトーテム山	場所・地域	118
エイブラハム・ヴァン・ヘルシング	吸血鬼ハンター	37,48,131,132,133,149,150,151,153,155
エストリー	吸血鬼(種族)	185
エリザベト・バートリー	吸血鬼(実在)	60,61,70,74
エリザベス・キャロライン・グレイ	その他人物	30
エレオノラ・アマリー	吸血鬼(実在)	72
オバイフォ	吸血鬼(種族)	185,186
オヒン	吸血鬼(種族)	186
オルロック伯爵	吸血鬼(文学・映像)	40,42,57,94,154
『女ドラキュラ』	吸血鬼作品(映像)	44,57
ガース	物語の人物	44
カーミラ	吸血鬼(文学・映像)	20,21,26,55,56,193
『カーミラ』	吸血鬼作品(文学)	20,21,193
カーリー	神仏・超常存在	188,189
〈怪奇幻想の文学 真紅の法悦〉	資料・伝承・その他書籍	55,56,57,58
〈骸骨伯爵 あるいは女吸血鬼〉	吸血鬼作品(文学)	30,56
懐中電灯(七つ道具としての)	物品	131
鏡(七つ道具としての)	物品	131
カリカンザロス	吸血鬼(種族)	88,126
キヴァテオ	吸血鬼(種族)	186
菊地秀行	その他人物	56,144
吸血カボチャ	吸血鬼(種族)	112
『吸血鬼』	吸血鬼作品(文学)	18,21,56,182
『吸血鬼』(北宋社)	資料・伝承・その他書籍	191
〈吸血鬼イメージの深層心理学~ひとつの夢の分析~〉	資料・伝承・その他書籍	193
『吸血鬼ヴァーニー、血の饗宴』	吸血鬼作品(文学)	32,57
吸血鬼王女	吸血鬼(神話伝承)	120
吸血鬼伝承「生ける死体」の民俗学	資料・伝承・その他書籍	191
〈吸血鬼伝説 ドラキュラの末裔たち〉	資料・伝承・その他書籍	191
『吸血鬼ドラキュラ』(1958年映画)	吸血鬼作品(映像)	133,155,156,157
『吸血鬼になった女王』	吸血鬼作品(文学)	120
吸血鬼の椅子	吸血鬼(神話伝承)	113
〈吸血鬼の事典〉	資料・伝承・その他書籍	26,57,157,186,190,193
『吸血鬼ノスフェラトゥ』	吸血鬼作品(映像)	40,42,57,94,154,182
『吸血鬼ブラキュラ』	吸血鬼作品(映像)	183

項目	分類	ページ数
吸血スイカ	吸血鬼(種族)	112
吸血マニトー	吸血鬼(種族)	186
杭	物品	13,21,30,32,37,40,44,46,66,68,78,84,90,104,106,110,116,131,133,136,140,155,169,172,173,174,175,176,178
グール	その他怪物	118
クドラク	吸血鬼(種族)	90,142
クララ・ギースレーリン	吸血鬼(実在)	70
クラリモンド	吸血鬼(文学・映像)	28,55,56
クリストファー・リー	その他人物	156
栗原成郎	その他人物	159,192
クルースニク	吸血鬼ハンター	90,142
クルツマン	吸血鬼ハンター	136
クロウディア	吸血鬼(文学・映像)	141
グローリア・ホールデン	その他人物	44
ゲイリー・オールドマン	その他人物	156
ゲーテ(ヨハン・ヴォルフガング・フォン・ゲーテ)	その他人物	34,57
「検査報告」	資料・伝承・その他書籍	68
ゴーティエ(テオフィル・ゴーティエ)	その他人物	26
コリントの花嫁	吸血鬼(文学・映像)	34,55,57
『コリントの花嫁』	吸血鬼作品(文学)	34,57,86,183
サバタリアン	吸血鬼ハンター	131
サモス島	場所・地域	124
サモス島のヴリコラカス	吸血鬼(神話伝承)	86,124
『サラの墓』	吸血鬼作品(映像)	46,57
サラ伯爵夫人	吸血鬼(文学・映像)	46,57
サン・ジェルマン伯爵	場所・地域	52,54
サントリーニ島	場所・地域	84,86
屍衣(しい)	物品	84,103,108,164,169,178,189
ジェイムズ・マルコム・ライマー	その他人物	32
シェリダン・レ・ファニュ	その他人物	20,21,56
「死者が目覚めることなかれ」	吸血鬼作品(文学)	26
〈シネマティック・ヴァンパイア 吸血鬼映画総大全〉	資料・伝承・その他書籍	157,193
ジプシー	用語	68,100,112,113,138,167,174,175
「シャーロック・ホームズの事件簿 サセックスの吸血鬼」	吸血鬼作品(文学)	87
『シャドウ・オブ・ヴァンパイア』	吸血鬼作品(映像)	42
ジャララカ	吸血鬼(種族)	186
ジャワ島	場所・地域	186
ジャンヌ・ダルク	その他人物	64
十字架	物品	13,18,37,100,104,131,136,138,142,169,170,172,173,178
ジョージ・A・ロメロ	その他人物	187
ジョナサン・ハーカー	物語の人物	150,151,153
〈書物の王国12 吸血鬼〉	資料・伝承・その他書籍	55,56,57,58
ジョン・ポリドリ	その他人物	18,21,182
不知火検校	吸血鬼作品(映像)	48,57
『死霊の恋』	吸血鬼作品(文学)	28
ジル・ド・レ	吸血鬼(実在)	64
人狼	その他怪物	86,90,96,140,186,189,162,173,192
スティーヴン・キング	その他人物	103
ストリゴイ	吸血鬼(種族)	92,94,106,162
スラブ	用語	83,86,96,100,124,136,142,159,162,163,192
〈スラブ吸血鬼伝説考〉	資料・伝承・その他書籍	192
スンダル・ボロン	吸血鬼(種族)	187
聖水	物品	28,131,136,138,169,172,173,175

項目	分類	ページ
聖餅(せいへい)	物品	133
ゼウス	神仏・超常存在	126
セワード	物語の人物	150,151
ゾンビ	その他怪物	116,159,188
ダカナヴァル	吸血鬼(神話伝承)	118
ダミアン	吸血鬼ハンター	136
ダンピール	吸血鬼ハンター	102,138,140,142,144
チェルシー・クイン・ヤーブロ	その他人物	52
『地球最後の男』	吸血鬼作品(文学)	116
チスイコウモリ	その他生物	171
『血のアラベスク 吸血鬼読本』	資料・伝承・その他書籍	191
チュパカブラ	その他怪物	188
デアルグ・デュ	吸血鬼(種族)	187
鉄処女(アイアンメイデン)	物品	161
『髑髏検校』	吸血鬼作品(文学)	48,57
『ドラキュラ』	吸血鬼作品(文学)	18,21,24,26,32,34,36,40,42,43,48,55,56,58,76,87,102,103,122,132,133,148,149,150,151,152,153,154,155,156,182,193
『ドラキュラ』(1992年映画)	吸血鬼作品(映像)	155
ドラキュラの花嫁	吸血鬼(文学・映像)	151
《ドラキュラのライヴァルたち》	資料・伝承・その他書籍	56,58
ドラキュラ伯爵	吸血鬼(文学・映像)	13,24,36,37,40,42,43,44,48,50,52,56,58,60,76,78,80,81,102,122,132,133,146,147,148,149,150,151,152,153,154,155,156,157,181,182,183
『ドラキュラ都へ行く』	吸血鬼作品(映像)	183
トランシルヴァニア	場所・地域	36,37,40,60,76,133,149,152,153
『ナイト・オブ・ザ・リビングデッド』	その他映像作品	187
『謎の男』	吸血鬼作品(文学)	24,56,58
ナハツェーラー	吸血鬼(種族)	108
ニンニク	物品	13,18,37,48,92,116,131,133,138,172,173,175,178,188
ネラプシ	吸血鬼(種族)	106
農民の吸血鬼	吸血鬼(神話伝承)	113
ノコギリ(七つ道具としての)	物品	131,133
ノスフェラトゥ	吸血鬼(種族)	94
『呪われた町』	吸血鬼作品(文学)	103
バーバンシー	吸血鬼(種族)	188
バール	物品	131
バイロン卿	その他人物	18,182
ハリー	物語の人物	46
ピーター・カッシング	その他人物	133
『フィアナのアポロニウスの生涯』	資料・伝承・その他書籍	128
フィロストラトス	その他人物	128
ブラム・ストーカー	その他人物	21,24,36,40,42,43,44,56,78,87,103,132,148
フランシス・ヴァーニー	吸血鬼(文学・映像)	32,57
フランシス・コッポラ	その他人物	193
フランチェスカ	物語の人物	24
ブリクリウス	吸血鬼(種族)	96
ブルクサ	吸血鬼(種族)	188
ブルンヒルダ	吸血鬼(文学・映像)	26,30
ペーター・プロゴヨヴィッチ	吸血鬼(実在)	66,68,176,181,191,192
ペナンガラン	吸血鬼(種族)	188
ヘラ	神仏・超常存在	126
ベラ・ルゴシ	その他人物	156
ベルタ・クルテル	吸血鬼(文学・映像)	30,56
ベルタ(『謎の男』の登場人物)	物語の人物	24
ヘンリー・モア	その他人物	74
『ホテル・トランシルヴァニア』	吸血鬼作品(文学)	52
ホルムウッド	物語の人物	150,151
マーヤ・ザレシュカ	吸血鬼(文学・映像)	44,57
マシュー・バンソン	その他人物	26,186,190
『魔人ドラキュラ』	吸血鬼作品(映像)	57,154,156
マスタン	吸血鬼(種族)	118
マックス・シュレック	その他人物	40,42
マンドゥルゴ	物品	185
『見えない水平線』	資料・伝承・その他書籍	122
ミナ・マリー	物語の人物	150,151,153,155
『無神論への解毒剤』	資料・伝承・その他書籍	74
ムッロ	吸血鬼(種族)	100,102
ムラート	吸血鬼(種族)	188
モーラ	その他怪物	162
モリス	物語の人物	151
モロイイ	吸血鬼(種族)	92,94,162
ユダ(イスカリオテのユダ)	その他人物	98
ユダの子ら	吸血鬼(種族)	98
『夜明けのヴァンパイア』	吸血鬼作品(文学)	50,57,141,183
横溝正史	その他人物	48,57
ヨハン・ルードヴィッヒ・ティーク	吸血鬼作品(文学)	26
『夜の悪魔』	吸血鬼作品(映像)	157
ラクタヴィージャ	その他怪物	189
ラミア	吸血鬼(神話伝承)	126,128
ラングスイル	吸血鬼(種族)	188
ランプ(七つ道具としての)	物品	131
リチャード・マシスン	その他人物	116
リリス	吸血鬼(神話伝承)	189
ルイ	吸血鬼(文学・映像)	50,141
ルーガルー	吸血鬼(種族)	189
ルーシー・ウェステンラ	物語の人物	150,151,153
ルガト	吸血鬼(種族)	189
ルスヴン卿	吸血鬼(文学・映像)	18,55,56,182
レオ・アラティウス	その他人物	88
レスタト・ド・リオンクール	吸血鬼(文学・映像)	50,141
レスボス島	場所・地域	86
レンフィールド	物語の人物	150,151,154
ロープ(七つ道具としての)	物品	131
ローラ	物語の人物	20,21,55
ロドルフ	物語の人物	30
ロバート・ネヴィル	物語の人物	116
ロジョメン	吸血鬼(種族)	186
ロマ	用語	ジプシー参照
ロミュアルド	物語の人物	28

萌える！ヴァンパイア事典

2015 年 4 月 30 日 初版発行

著者　　TEAS 事務所
発行人　松下大介
発行所　株式会社 ホビージャパン
〒 151-0053　東京都渋谷区代々木 2-15-8
電話　　03（5304）7602（編集）
　　　　03（5304）9112（営業）

印刷所　株式会社廣済堂

乱丁・落丁（本のページの順序の間違いや抜け落ち）は購入された店舗名を明記して当社パブリッシングサービス課までお送りください。
送料は当社負担でお取り替えいたします。
但し、古書店で購入したものについてはお取り替えできません。

禁無断転載・複製

©TEAS Jimusho 2015
Printed in Japan
ISBN978-4-7986-1008-5 C0076